人気FPが教える金利上昇時代の
「お金の新ルール」

金利で損しない方法、教えてください！

深野康彦
ファイナンシャルリサーチ代表

扶桑社

はじめに　金利が上がると、世の中どう変わるの？

「日銀がマイナス金利を解除」（3月）
「日銀が追加利上げを発表」（7月）
「日経平均株価が歴史的な大暴落！」（8月）
「各銀行が預金金利や住宅ローン金利の引き上げを発表」

明るい話題もあったものの、日本銀行（以下「日銀」）の動きによって日本経済が振り回されるニュースが立て続けに流れた2024年。

大騒ぎする世間を横目に、恥ずかしながら、僕にはこんな疑問が湧いてきた。

金利を少し上げただけで、
世の中こんなに変わるの!?

僕は現在、記者として働く35歳。
妻と3歳の子供がおり、いずれはマイホームも買いたいなんて思っていた。
将来のためにと新NISAを使って投資だって始めたばかりだ。

そんなときに飛び込んできた追加利上げのニュース。
住宅ローンの金利は今後さらに上がるようだし、少し前まで「日本株はバブル期の最高値を更新」なんて騒いでいた株式市場も、年半ばは阿鼻叫喚に包まれている……。
わずかばかり持っていた僕の株も含み損になってしまった。

こんな痛い目に遭うなら……

金利とか、上げないほうがいいんじゃないの⁉

そう思うのは間違いなんだろうか。

でも、日銀の植田和男総裁の話ぶりからすれば、「物価がマイナス（デフレ）になる可能性は低く、日本人の給料と物価は見通しどおりに上がっているから今後も金利を上げていく」ってことらしい。（筆者の超訳です）

だったら……、周りに比べて僕の収入はたいして上がっていないのに、金利だけが今後もどんどん上がっていくなら……。

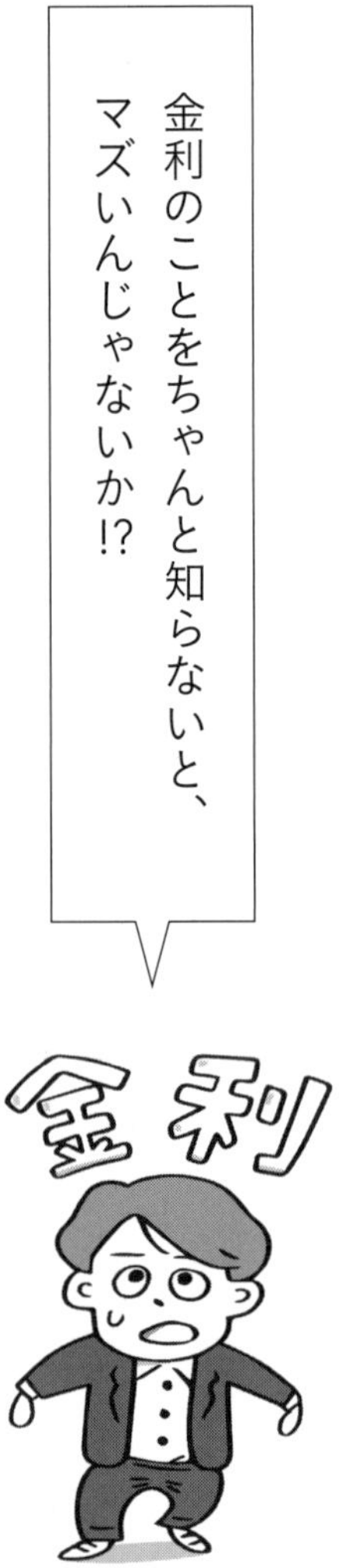
金利のことをちゃんと知らないと、
マズいんじゃないか!?
金利

そう思い立った僕が話を聞きたいと思ったのが、以前、雑誌の仕事でインタビューをさせていただいたファイナンシャルプランナー（FP）の深野康彦さんだった。

深野さんは業界歴35年超のベテランで、バブル期から日本経済を見続けてきた〝レジェンド〟と呼んでも差し支えないFPだ。

というわけで、この本は僕と深野さんの「対話」というかたちで進めていきます。

「金利ってそもそも何ですか？」といった基本的な質問から、「金利が上がるならどうやってお金を増やしていくのが正解なの？」「住宅ローンはどうすればいいの？」といった、直球質問を恥ずかしげもなく、深野さんにぶつけさせてもらいました。

日銀のマイナス金利解除によって、今の日本は「金利のある世界」になったらしい。

だったら、その世界をちゃんと歩くための〝道しるべ〟が欲しい。だから……

深野さん、
僕に金利のある世界の「賢い歩き方」を
教えてください!!

CONTENTS

第2章

金利の基礎をおさえる「7つの質問」

第3章

金利のある世界での「お金の増やし方」

第4章 金利のある世界での「お金の守り方」

登場人物

記者ウエノ

出版社勤務の35歳。４年前に結婚して３歳の長男を子育て中。結婚を機に投資も始めたばかり。いずれはマイホームを手に入れたいが、金利上昇が不安で早くも心が折れそう。雑誌のマネー記事も担当するのでそれなりに知識はあるが、どうにも〝付け焼き刃〟な理解力なので他人にうまく解説できない。

深野康彦さん

ファイナンシャルリサーチ代表。大学卒業後、クレジット会社を経て独立系ＦＰ会社に入社。その後、１９９６年に独立し、現在の有限会社ファイナンシャルリサーチは２社目の起業。ＦＰ業界歴35年（２０２４年10月現在）を誇り、そのキャリアを通じて日本経済の浮沈を見守ってきた。メディア出演やセミナーを通じて、資産運用や住宅ローン、生命保険、税金、年金など幅広く「お金の知識」を発信している。

第1章

金利のある世界で変わる「お金のルール」

金利が上がることとは、すべての「お金のルール」が変わることを意味します。

そのルール変更を知らないと、あなたは間違いなく損をすることなります。

そうならないため、金利上昇時代の「頭の切り替え方」をお伝えしましょう。

「金利のない世界」で生きてきた日本人

深野さん、お久しぶりです。以前の取材では「これから上がる株は何か？」なんてテーマだったのに、8月の暴落もあってそれどころじゃなくなっちゃいました……。

日銀の追加利上げの影響が思いのほか大きかったですね。それだけ日本は超低金利の〝沼〟にどっぷりとハマっていたってことですよ。次ページの【図①】は日本の政策金利の推移です。見ての通り、**バブル経済が終わってからの日本は、ずーーーーーっと、超がつく低金利状態**だったんですね。

もう、低空飛行すぎて推移がわからないですね……。

ただ、実際には2007年に一度、日銀は福井総裁の時代に二度の利上げをして

いるんですよ。しかし、三度目の利上げを視野に入れていたものの、その直後にリーマン・ショックが発生し、急速に経済が冷え込んだために再び利下げをすることになってしまったんです。

当時は大学生だったのですが、一気に就活が厳しくなって先輩たちがアタフタしていたのを覚えています。

就活生だけでなく社会人もかなりの影響を受けました。2008年のリーマン・ショック後の冬のボーナスは「ゼロ」や「半減」という企業

【図①】日本の政策金利の推移

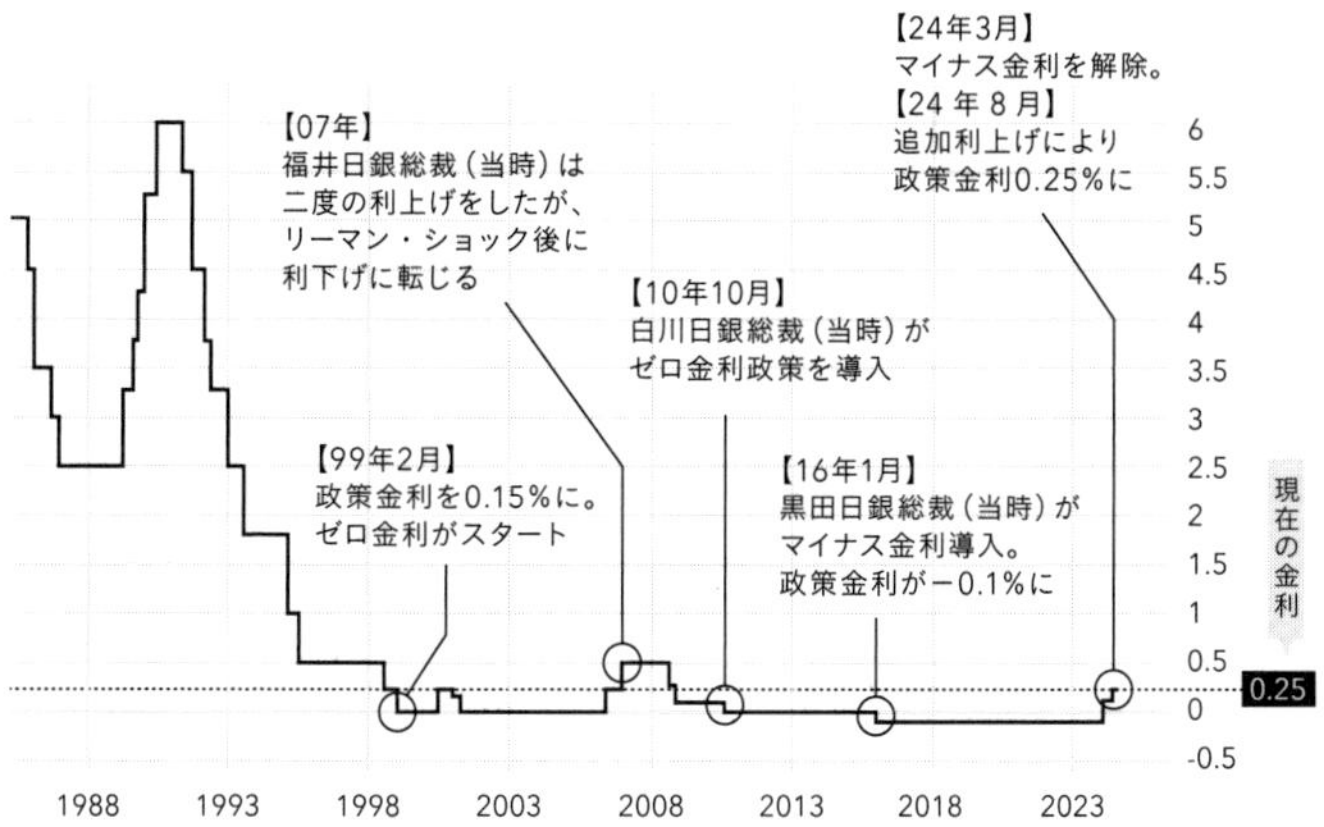
【24年3月】
マイナス金利を解除。
【24年8月】
追加利上げにより
政策金利0.25%に
【07年】
福井日銀総裁（当時）は
二度の利上げをしたが、
リーマン・ショック後に
利下げに転じる
【10年10月】
白川日銀総裁（当時）が
ゼロ金利政策を導入
【99年2月】
政策金利を0.15%に。
ゼロ金利がスタート
【16年1月】
黒田日銀総裁（当時）が
マイナス金利導入。
政策金利が－0.1%に
現在の金利
0.25
6
5.5
5
4.5
4
3.5
3
2.5
2
1.5
1
0.5
0
-0.5
1988
1993
1998
2003
2008
2013
2018
2023

もたくさんありましたから。希望退職者を本格的に募り始めたのもその頃ですし、東京の日比谷公園に「年越し派遣村」ができたのも２００８年の年末でした。

そこからは２０１０年に再び政策金利をゼロにする「ゼロ金利政策」を導入し、２０１６年には「マイナス金利政策」という極端な金融政策も行い、そのマイナス金利がようやく解除されたのが２０２４年3月です。

それによって**本当に久しぶりに、日本に「金利のある世界」が戻ってきた**んです。

そこで金利のことをイチから教えてほしいと思ったのですが、冷静に考えると、僕（35歳）は物心ついてからずっと「低金利の日本」しか知らないんですよ。

40歳以下の人はみんなそうですよね。今回の利上げは17年ぶりだし、その前もずっと低金利だったので、実際には日銀の政策金利が０・５％になった１９９５年9月から約30年間も低金利が続いていました。だから、特に若い人からは「利上げが怖い」って声をよく聞くんです。

僕もそうです。**利上げをすると世の中がとんでもないことになるんじゃないかっていう、漠然とした不安**があるんです。

それは「知らないからこその不安」ですね。そもそも、今まで金利なんて動くことがほとんどなかったし、気にしたことがなかったんじゃないですか？　むしろ、「気にする必要がなかった」と言ったほうが正しいかな。

その通りです。銀行預金の利息だって〝スズメの涙〟程度でしたから。

ゼロ金利、もしくはマイナス金利政策だと、銀行普通預金の金利は０・01％〜０・００１％程度。１００万円を預けても利息は年に10円つくかどうかという水準でしたから、どの銀行に預けようが気にならないのも当然です。日銀の超低金利政策（超金融緩和）によって、**これまでの日本人（家計）にとって金利は「無視してもいい存在」**でした。しかもデフレが続いてましたから……。

まさにその通り。自分の預金口座の金利がいくらなのかも知りません。

しかし、それはもう昔の話と考えたほうがいいです。

どういうことでしょうか……？

これから先の**「金利がある世界」では、今までのお金の常識は通用しなくなる**と思うべきです。預金、保険、投資といった様々な領域において、一日も早くマインドセットを変える必要性が出てきます。しかも、年齢は関係なく、どの世代に対しても全方位で影響が出るんです。

「低金利時代」の常識と「金利上昇局面」の常識

金利が変わると、そこまで大きな変化が起こりますか？

はい。なぜなら、**金利とは、ありとあらゆる金融領域に関係する**からです。銀行預金や住宅ローンがわかりやすいですが、ほかに株価や保険などあらゆる金融商品やサービスにも徐々に影響が出てくるはずです。

保険や投資も考え方を変えなきゃいけないんですか!?　保険はあくまで保障のためで、金利を意識して選んでなんていなかったです……。

保険の場合、今までは「保険を投資先と考えるのはＮＧ」と言われてきましたよね？　保険会社は預かった掛け金（保険料）の一部を債券などで運用し、保険会社ごとに「予定利率」を決めて運用利回りをアピールしてきましたが、これまでは予定利率があまりにも低かったのでそれを投資（運用）と考えるのは効率が悪い、と。

生命保険の営業が使うアピール方法ですよね。「10年後には◯万円増えています」

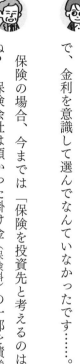

とか、「それでいて一生涯保障が続きます」と薦めるやつ。でも、結局はたいして増えないから、保険に預けるお金があるなら投資信託などを買ったほうがいいと思っていました。

それが、金利上昇局面では〝得する商品〟に変わるかもしれません。保険会社が掛け金の一部で運用する債券などの利回りが上昇して**運用利回りが改善し、そして「予定利率」が引き上げられる**からです。

なるほど、保険商品でも高利回りのものが出てくるのか。

実は、高金利局面だった１９９０年頃の生命保険には、予定利率が高い「お宝保険」と呼ばれる商品がありました。当時は日銀の政策金利も高く（６・０％）、また高利回りの債券がたくさんあったので、予定利率も今では考えられないくらい高かったんです（ピーク時は６・25％）。保険に入って放っておくだけで、保障を確保しながらお金をかなり増やすことができたんです。

【図②】金利上昇は様々な金融領域に影響する

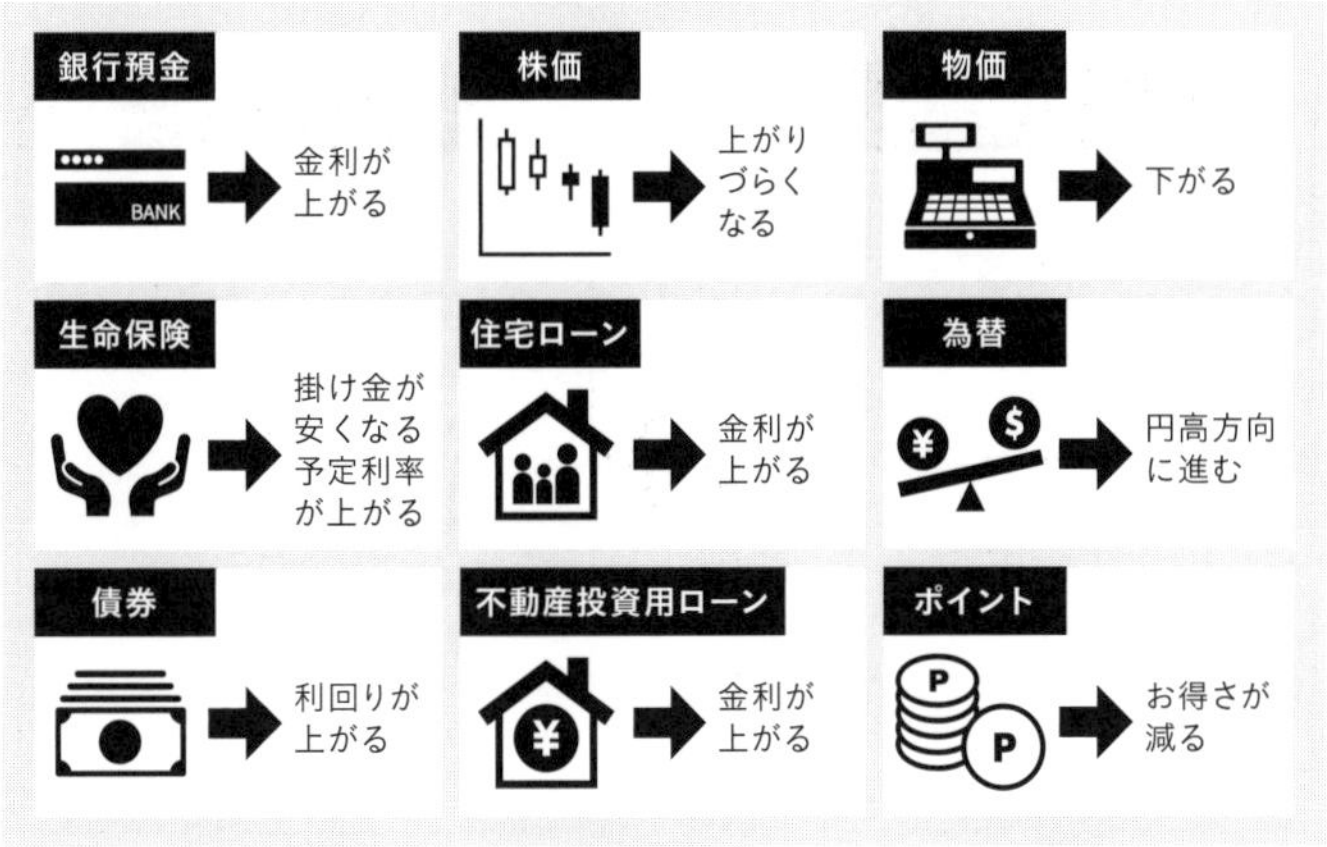

でも、2000年代以降に契約した保険の場合、高利回りで運用できる金融商品が徐々に減ってしまった。それゆえ全体的に予定利率が低下していき、もはや運用に値する商品ではなくなってしまったのです。

保険を買っておくだけでよかったなんて、なんていい時代だったんだ……。

保険だけでなく、ざっくりですが、金利上昇が各商品に与える影響は上の【図②】ような感じですね。

【図③】低金利時代の常識と、金利上昇局面の常識

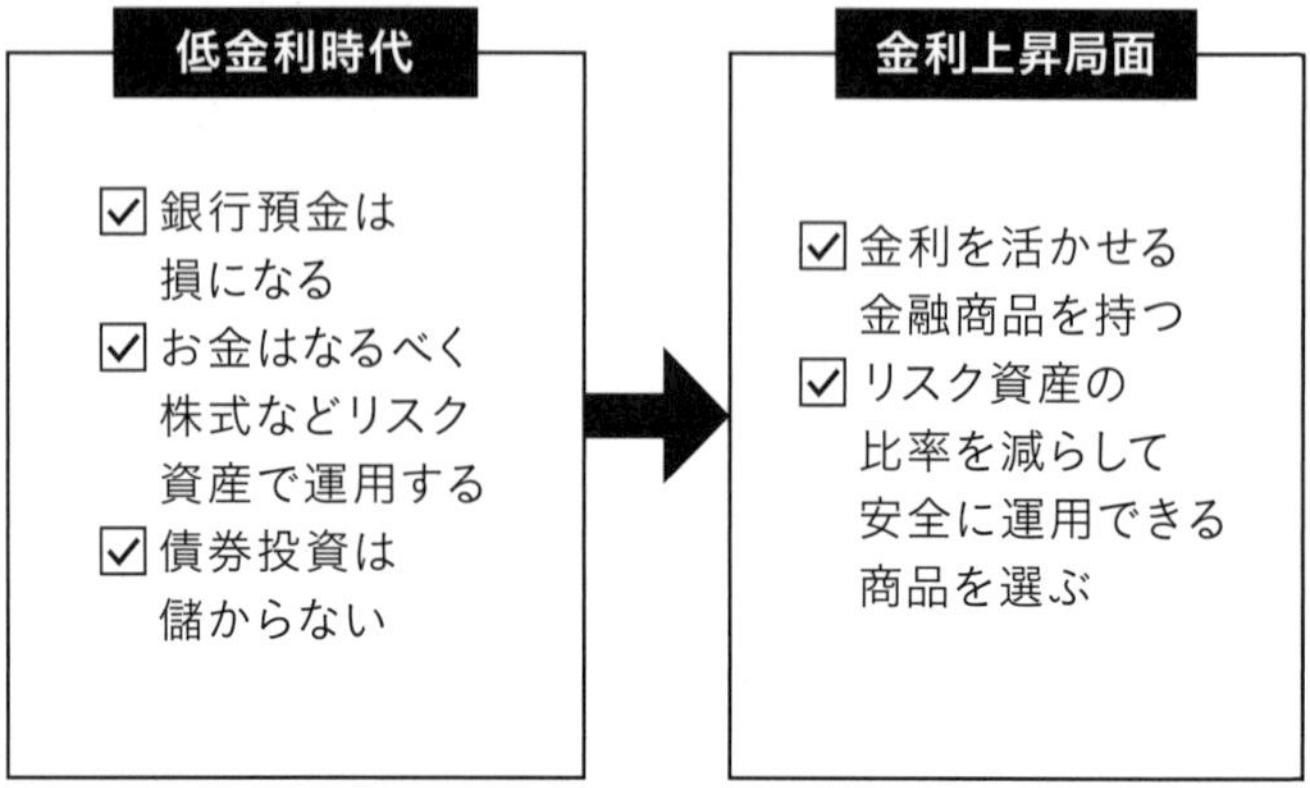
低金利時代
☑銀行預金は損になる
☑お金はなるべく株式などリスク資産で運用する
☑債券投資は儲からない
金利上昇局面
☑金利を活かせる金融商品を持つ
☑リスク資産の比率を減らして安全に運用できる商品を選ぶ

なるほど、金利って本当にすべてに影響を与えるんですね……。

大丈夫。そんなに難しく考える必要はありませんよ。大雑把に言えば、これまでは金利を無視して「なるべく株式などに投資して資産を増やす」が正解でした。しかし、これからは金利を活かしながら、「**リスクを抑えながら資産を増やす**」**のが正解**になってきます。（図③）

リスクを抑えながら資産を増やす……。そんなことが本当にできるんですか？

できますよ。それが金利の力です。**今の日本人は、超低金利に慣れすぎてその力を忘れてしまっている**だけなんですね。低金利時代には低金利時代のお金の常識、金利上昇局面では金利上昇局面のお金の常識がある、というだけなんです。

バフェットだって株を売って債券を買う

新ＮＩＳＡも始まったし、将来に備えてなるべく株式などで積極的に投資をしようと思っていたのですが、それは間違いなんですか？

投資自体がダメなわけではないですよ。**重要なのは、リスク管理の度合い**です。「現金では持たず、なるべく株式などリスク資産で運用する」というのは、これまでの超低金利時代の発想です。

じゃあ、これから日本は金利上昇局面になってくると……。

今度は、資産運用におけるリスクの取り方も調整しないといけません。例えば資産ポートフォリオに、**これまでほぼ無視していた債券を組み込む**などです。

債券ですか？　正直、債券って大きくは値上がりしないし、なんか地味な投資先っていう印象があって……。

それも若い人がよく言うんですよね。ただ、あえて厳しい言葉を使うと、「**資産運用がヘタな人ほど債券を軽視する**傾向にある」んですよ。

ギクッ……！

ちなみに投資の神様と言われている米国のウォーレン・バフェット氏が直近1年で最も買っている資産は何だと思いますか？　米国債です。米国株が上昇してバフェット氏のお眼鏡にかなう投資先（株式）がないうえ、少し前まで米国債の利回りは5・0%もありました。であれば、無理して株式に投資する必要はなく、「投資チャンスが訪れるまで待とう」というわけです。

債券を使って、資産の持ち方を調整しているんですね。

これまでバフェット氏のポートフォリオの最大の保有銘柄だったアップル株を売却した理由は税金対策と言われてます。とはいえ、今の株式市場で積極的に投資すべき銘柄がないという意思だと私には思えます。

一方、急激な利上げで高金利になったアメリカでは「株よりも債券のほうに旨みがある」、言い換えれば「**リスクを取らなくても債券でお金は増やせる**」とバフェット氏が判断した証拠でしょう。

債券投資、考えてもいませんでした……。むしろGAFAMなどアメリカのハイテク株のほうへの投資を考えていました。

直近の米国債（10年）の利回りはやや低下して4・5％前後ですが、一時期は5・0％を超える時期もありました。それを買えば元本が保証され、ほっておいても5・0％のリターンを得られます。リスクを抑えつつ運用できるので、金利上昇局面では有効な投資手法になります。繰り返しますが、バフェット氏も米国債で5・0％の利益が得られるなら、**無理して株式を買う必要はない**と考えたわけです。

投資の神様がそう判断しているなら、僕ら一般投資家も同じ方向を向いたほうがいいのかな……。

ほかにも、最近では**日本の銀行や証券会社も債券に再び注目**して、積極的に私たちに売り出そうと考えているんですよ。

そうなんですか？

例えば、みずほ証券では金利上昇を受けて国債のトレーダーに債券市場に精通した

「ベテラン社員」を他部署から呼び戻しているようです。さらに、**投資家向けに債券商品を提案する人材育成にも力を入れている**とか。

なぜなら、これまでの金融機関では、株式や為替に比べて債券は超低金利が長期化してほとんど開店休業状態だったからです。〝地味な部署〟というより、人員削減の対象部署といっても過言ではなかった。そのため、**債券に詳しい人材がいつの間にか少なくなってしまった**んですね。

低金利が続いた影響がそんなところにも……。

そこに「金利のある世界」が戻ってきたので、慌てて人材確保に動いているわけです。債券市場の人材は、ヘッジファンドなども参入して激しい取り合いが行われていると見聞きします。地方銀行でも債券運用の人材集めに苦労したり、外資系金融などの債券関連部署に人を派遣して勉強（トレーニング）させたり、いろいろと大変だとか。

一般人だけでなく、「金利のある世界」が戻ってきて、金融業界も対応に苦慮して

いるのですね。

ただ、もちろんこの状態がずっと続くわけではありません。というのも、**金利の変動には「サイクル」がある**からです。

金利上昇局面は「長く続いても2年前後」

金利のサイクル、ですか？

実は金利って、ずっと上がり続けるものではないんです。景気に循環サイクルがあるように、金利には「**上昇局面**」「**ピーク圏**」「**下落局面**」「**ボトム圏**」**の4つの局面**があります。景気がよくて過熱しているときに、中央銀行は金利を上げて景気を冷まそうとします。すると、景気の過熱感が収まり金利はピーク圏で「横ばい」になり、

【図④】金利の動きには「サイクル」がある

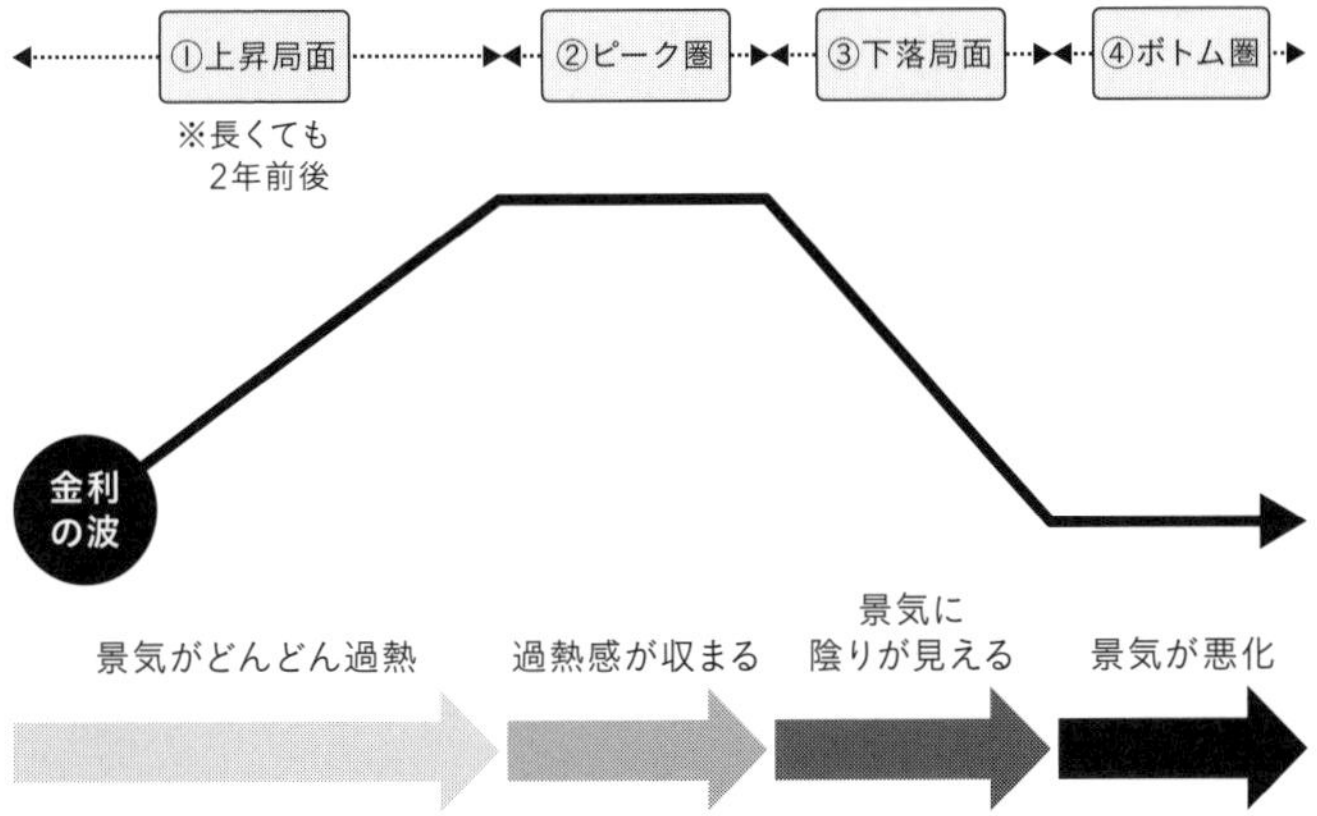

その後、景気に陰りが見え始めると「下がって」いき、景気が悪化すると金利はほどなくしてボトム圏に入ります。**このようなサイクルを繰り返していく**ものなんです。（図④）

ということは、今はこの「上昇局面」にあたるわけですか？

その通り。そして私の経験上、金利の上昇局面はそれほど長く続きません。過去70年間くらいの日本経済の歴史をさかのぼっても、**金利が底打ちしてピーク圏に達するまでの期間は1年半から2年半くらい**です。

実際に、2022年3月に金利を引き上げ始めたアメリカも23年7月に引き上げた5・50%がピークで、2024年9月には金利を下げ始めています。結局、政策金利を引き上げ始めてから引き下げに転じるまでの期間は、2年半にすぎませんでした。

一度金利が上がったら10年くらいずっと高いままかと勘違いしていました。

今まで日本は金利がない世界だったのですから、その誤解も当然でしょうね。日本の場合、アメリカのように5%台まで金利が上がるか……というと、難しい部分があります。ですが、2024年夏に日銀の政策審議委員が「26年度までに1%にしたい」と発言しています。なので、**現在の政策金利は0・25%ですが、ここから数回の利上げを経て1%になるのは十分あり得るシナリオ**だと思ったほうがいいでしょう。

1%か……。それでも相当高く感じてしまうので、今までの低金利がいかに異常だったかがわかりますね。

だから、これからはもう**「マイナス金利」のような世界には戻らない**と、私は考えています。「金利のある世界」が到来し、今後もそれが続いていくはずです。

なぜそう思うんですか？

大きな理由は世界の経済情勢です。原油などの価格が上がりエネルギーの調達コストが上がっているので、そもそも今後、世界的に「物価が下がる」というのは考えにくいのです。

今は「脱・炭素」で風力発電や太陽光発電などがもてはやされていますが、これらグリーンエネルギーは火力発電などと比べると発電コストが高い。火力発電に使用する天然ガスだって新興国が多量の電力やエネルギーを使うようになるから価格は下がらないでしょう。モノを作ったり運ぶためには電力やエネルギーが必要ですが、そのコストはもう下がらないと考えたほうがいいです。

日本でも最近、いろいろなモノの値段が上がっていますよね。これが今後、大きく

値下がりすることは難しいのか……。

特に日本は、**食料自給率が低いのも問題**です。国民全員が食べていくためには食料の輸入が必須です。しかし、新興国も豊かになっていくにつれて食べ物が先進国並みに変わりつつあります。食料の輸入を増やそうとすれば奪い合いとなり、当然、価格も上がっていく。

そんななかに円安が加わることで、モノの値段が下がりにくい状況が続くのです。原材料などの価格が上昇する**「コストプッシュ型インフレ」が継続する**ことによって、今後も金利のある世界が成り立っていくと思われます。

なので、今後の「金利がどうなっていくか？」を考えるうえでは、一つのシグナルとして「原油価格」に注目するといいと思います。原油は様々なモノの価格にコストとして乗っかってきます。製造時に工場で使う電気代にも関わるし、材料を仕入れたり商品を発送するときの輸送費にも大きく関わってくる。**原油価格が上昇↓インフレが強まる↓金利が上がる……という大きな流れを把握**するのに役立つと思います。

なるほど。食料やエネルギーのかなりの部分を海外からの輸入に頼っていて、食料価格や原油価格が下がりにくい状況下では、モノの価格はじわじわと上がらざるを得ないわけですね。

でも、物価の上昇も、金利の上昇も悪いことばかりではありません。それは多くの人にとって「**金融資産を増やしやすい状況**」が訪れることになります。金利上昇はむしろ、資産形成のチャンスなんですよ。

どういうことでしょうか？　金利上昇でお金を貯めやすくなるんですか？

そうです。大事なのは「高金利時代にお金を増やす方法」ではありません。金利の「上昇局面」「ピーク圏」「低下局面」「ボトム圏」という、その時々の状況に合わせて、**最適なお金の持ち方の〝セオリー〟を身につけること**です。その時々の金利の状況を知っていれば、適切なお金の持ち方や運用方法がわかりますからね。

これから必要な「本当のマネーリテラシー」

ここ数年で「マネーリテラシー」という言葉が頻繁に取り上げられるようになりましたよね。投資意識が高まり、インデックスファンドへの積み立て投資を行う人も増えました。

はい。僕も新ＮＩＳＡを使って投資を始めました。僕の周りにも「ＹｏｕＴｕｂｅ動画で投資の勉強をしている」という人が多いですね。

もちろん投資に興味を持つのはいいことなのですが、私は今の状況を見ていると懸念もあって。それは、**マネーリテラシーという言葉を誤解している人が増えている**ことなんです。

マネーリテラシーの高い人って、なんとなく「余計な浪費を抑えて、インデックスファンドなどでコツコツ積み立て投資をする」というイメージがありますが……。

それも一つの正解だと思いますが、問題なのはそれを「唯一の正解」と思い込んでしまうことです。ＳＮＳで金融情報を得る人が増えていますが、それだけでは考え方がむしろ偏ってしまう危険性があります。

　例えばここ数年は、アメリカの株価指標「Ｓ＆Ｐ５００」に連動したインデックスファンドや、eＭＡＸＩＳ Ｓｌｉｍ全世界株式（通称オルカン）への投資が人気ですよね？　その投資自体は間違いではありませんが、**オルカンやＳ＆Ｐ５００を過信するのはダメ**。なかには保有する金融資産のほとんどが「Ｓ＆Ｐ５００だけ」なんて状態にしている人もいますが、そういう人ほど、暴落時には含み損のショックに耐えられず、〝狼狽売り〟をしてしまう危険性が高くなります。

たしかに、8月の暴落では投げ売りした人の声をＳＮＳで見かけました……。投資に前のめりな人ほど、リスクをとりすぎている、と。

私なりにマネーリテラシーの高い人を定義すると、「**自分のお金を適材適所に置ける人**」です。何も考えずに、「みんなが買っているから」という理由で金融商品を選び、投資に全精力を傾けてしまう人は、マネーリテラシーが高いとは言えません。

僕も著名な投資家の推奨銘柄を鵜呑みにして株を買ったことがあるので、耳が痛いです……。

特にこれから先は、金利の変化を踏まえて、「正しいお金の置き方」を考えなければいけません。**今まで通用していたお金の増やし方は、あくまで「低金利時代が長く続いたゆえのセオリー**」にすぎません。むしろ今後は、その考え方をベースにしていると、大きく間違える危険性を孕んでいるのです。

「お金のルール変更」に鈍感でいるリスク

ここで少し、昔話をさせてください。実は日本でも金利が上がり、高金利時代がありました。それが１９８０年代半ばから90年代初頭のバブル期です。では、その頃の日本人はどのような「お金の常識」を持っていたと思いますか？

金利が高いのだから、**銀行に預けているだけでもお金が増えた**ってことですよね？

ええ。当時の私は金融業界の新人でしたが、貯金だけでも随分とお金を増やすことができました。ピーク時には郵便局（現ゆうちょ銀行）の定額貯金でなんと８％の金利がついていましたから。当時は**１００万円を10年間定期預金に預けておくだけで、2倍強**に増えていたのです。

１００万円が10年で２００万円に！　それならみんな預貯金をしますよね。思い返すと、僕の母親もいろんな銀行にちょっとずつ定期預金を持っていた気がします。

その時代は、元本保証の商品を利用して金利で手堅くお金を増やすのが〝正解〟だったんです。銀行や郵便局の預貯金だけでなく、国債もその一つでした。１９９０年当時は、10年国債（長期国債）で**「ゴールデン8（エイト）」という俗称の国債**がありました。これは「利回り８％の国債を買ったら絶対に失敗しない」という意味でゴールデン８と呼ばれていたのです。

利回り８％だなんて、今では考えられないくらい高いですね！

当時はバブル景気末期。日銀が利上げをして、１９９０年度には長期金利が約８％まで上がっていたんですね。今でもよく覚えているのですが、90年10月に発行した国債は表面利率７・９％だったんです。私もＦＰの仲間内で「買うか!?」「いや、ゴールデン８の法則があるから、８％台に乗るまで待とう」などと話していました。結局、その７・９％がピークで買いそびれてしまったのですが（笑）。

今は株の値上がりや配当利回りを注視する人が多いけれど、それと同じぐらい、**当**

時の人は金利の変化に敏感だったんですね。

それは、リスクを取らなくてもお金が増えたからです。当時は株より金利を見ていた気がしますし、むしろ「株なんてやるヤツはろくなもんじゃない」なんて言われていましたから。**だから日本人には長らく「預貯金でお金を増やす」という常識が染みついていた**のです。しかし、その悪影響もありました。

何でしょうか？

それは、**低金利時代になってから「投資で運用」という選択肢を取れなかった**ことです。１９９０年代後半はまだしも、２０００年以降の「金利がない世界」になってからもうまくシフトチェンジできなかったんですね。

だから上の世代には投資をしない人が多かったんですね。私の父母の世代を見ると「株は怖い」というイメージを持つ人が多いように思います。

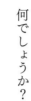

これが金利の変化に鈍感でいることのリスクです。その後、低金利は超低金利となり、その状態が長らく続き、政府が「貯蓄から投資へ」と言いだしてもなかなか意識が変わることはなかった。意識が変わり始めたのは、物価の上昇が鮮明になった2023年以降といっても過言ではありません。そして、ようやく意識が変わり始めたと思ったら、今度は逆に金利が上がりだした。

今度は反対に、低金利時代の常識を変えないといけないんですね。

このように、**金利上昇をトリガーにした「ルール変更」を知らないことは大きなリスク**になるでしょう。だからこそ、これからの時代は「金利がある世界のルール」を踏まえたうえで投資を行うのが、日本人の急務でもあると思うのです。

金利を知らなきゃいけないって意識がより強まりました……。

とはいえ、「金利のある世界」の投資のセオリーは何もハイリスクを強いるもので

はありません。むしろ、**金利のない世界よりも、我々一般庶民にとっては投資で資産を増やしやすくなります**。重要なのは「適材適所にお金を置く」こと。これを忘れないでください。

肝に銘じます！

この章で絶対に覚えておくべきこと

- 超低金利時代から、約30年ぶりに「金利のある世界」が到来
- 金利のある世界では、今までとは「お金のルール」が違う！
- 金利にはサイクルがあり、上昇局面、ピーク圏、下落局面、ボトム圏がある
- マネーリテラシーとは「常に適切なお金の置き方をする」こと

第2章

金利の基礎をおさえる「7つの質問」

昨今、経済ニュースでは金利にまつわる話題が頻繁に流れています。

しかし、それを見ても「いまいち理解しきれない」と悩む人は多いようです。

そこでまず「金利とは何か」「我々にどう影響するのか？」という点について、改めて知っておきましょう。

そして、皆さんが気になる「金利はどこまで上がるのか？」という疑問について、私なりの結論もお伝えします。

Q1 金利とは、そもそも何ですか？

第1章でお金の「ルール変更」を知ることが重要だと言いましたが、そのためにはまず、金利という存在をよく知らなければいけません。そこで、この章では金利についての理解を深めておきましょう。ずばり、金利とはなんだと思いますか？

ええと……、借金をするときに払う利息というイメージが強いのですが、合っていますか？

もちろんそれも正解の一つです。ただ、このように考えたほうがわかりやすいと思います。**金利とは、お金を貸し借りするときの「手数料」**です。そう考えると、金利という存在の本質がわかりやすくなります。

お金を貸したり、借りたりするときに用いる手数料。つまり、お金が動くときに支払う手間賃みたいなものですね。

そうです。例えば、私たちが住宅ローンを借りて家を買うときには、借りた人が住宅ローンの金利を銀行に支払います。銀行側からすれば、貸し出しているお金に加えて金利を「手数料」として数十年かけて返してもらう。その手数料が銀行の収入になるわけです。

反対に、僕らが預金としてお金を預けるときにも金利が発生しますよね？

それは、私たちが「**銀行にお金を預ける**」**というのは、銀行からすれば**「**私たちからお金を借りている**」**という状態**だからです。銀行はそうやって集めたお金を原資に、また別の人に貸し出し、さらに手数料を得るという「預貸ビジネス」を行っています。ですから、私たちには借りているお金に対して「預金金利」を付けて利息を払ってくれるわけです。（次ページ図⑤）

【図⑤】お金の貸し借りには金利（利息）という「手数料」がつく

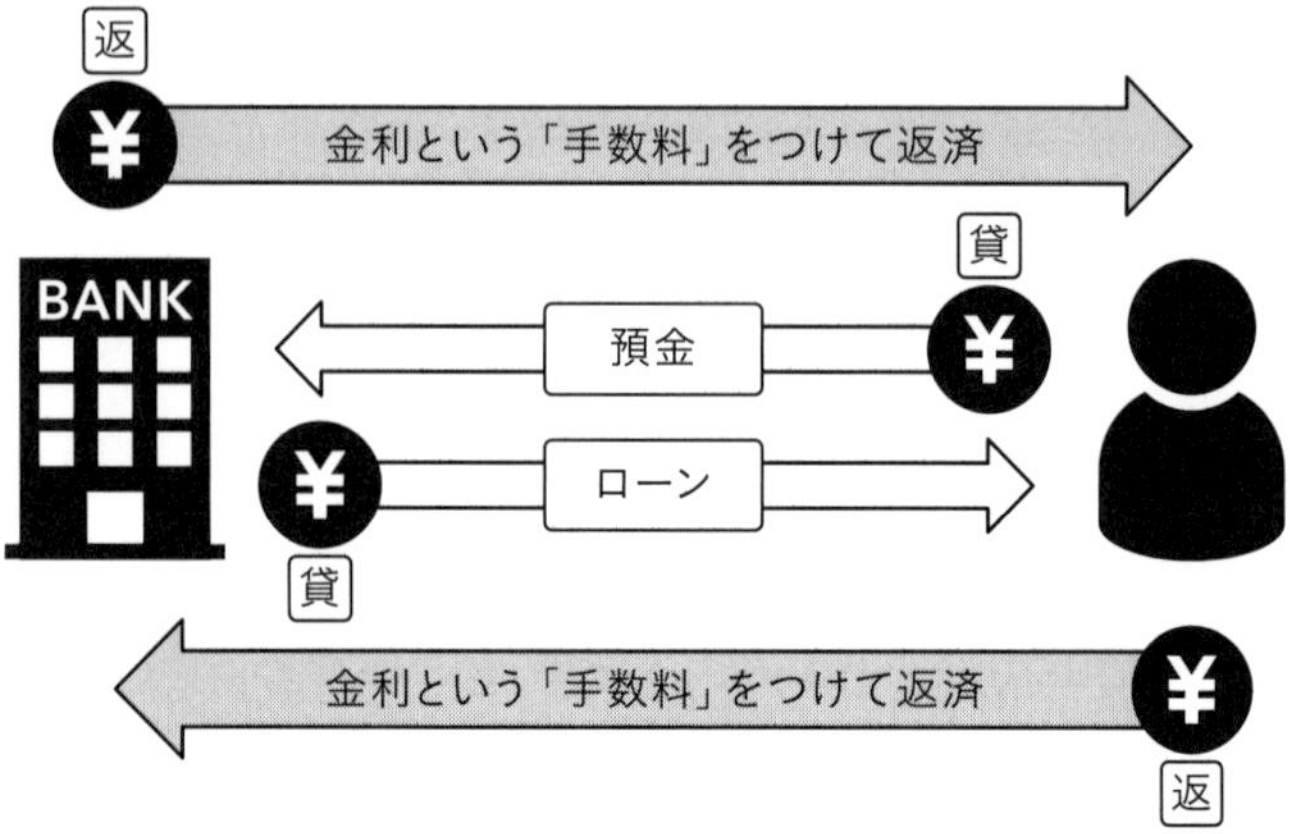

銀行はいろんな人の間に入って、お金を預かったり貸し出したりして、そのつど手数料を払ったり得たりしているわけですね。

その通り。そうやって銀行が間に入って**お金の循環をスムーズにする**ことで、経済が回りやすくなっています。

僕らが銀行預金の利息として受け取るお金も、**元をたどれば誰かが借りたお金の手数料で成り立っている**ことになりますね。

そうなります。では、ここで問題です。銀行預金には「普通預金」と「定期預金」がありますが、超低金利下で普通預金は長らく金利0・001%程度であった一方で、定期預金はに0・3%台の商品もありました。**定期預金のほうが利息を高く設定されている**のは、なぜだと思いますか？

ええと……、銀行からすれば、定期預金のほうがある程度まとまった額を預けてもらえるからですか？

半分は正解ですね。もう半分は、「決められた期間はお金を引き出せない」からです。普通預金の場合、預けた人が引き出しを求めれば銀行はすぐに応じなければいけません。

一方、定期預金は急な引き出しに一定の制限を課すぶん、**銀行としては「長く他の人に貸し出せる資金」が手に入る**ことになります。だから銀行は「お金を引き出すのに制限を課すぶん、普通預金よりも高い金利をつけます」と条件をつけているのです。

銀行にはそうしたメリットがあるから少し金利を上げているのか。

この構図は企業でも同じです。企業は運転資金が足りなくなったときや、ビジネスを広げるための投資資金が欲しいときに銀行からお金を借ります。その際にも我々と同様に、利息という手数料を払うわけです。

あらゆるお金の貸し借りのたびに、金利という手数料が発生するわけですね。

では、ここで問題です。もうおわかりだと思いますが、金利が上がることで「得する人」と「損する人」はどんな人だと思いますか？

それは……金利という手数料を多く得られる人ですよね？　つまり、「**お金を貸す人**」**が得する人で、**「**お金を借りる人**」**が損する人。**

正解です。銀行でも企業でも個人でも、金利が上がるということは「**お金を貸す側に回る**」**のが、得する方法**になります。これは基本原則なので、金利のことを理解する際にぜひ覚えておいてください。

Q2 利上げって結局、「誰」が「何」をするの？

金利の本質がわかったような気がします。なんか今まで、金利関連のニュースを見てもいまいち深く理解できていない印象だったので……。

やはり「**金利＝理解が難しい**」**というイメージを持つ人は多い**ですね。なぜかといえば、単純に関連用語が多いことが大きいのではないかと思います。

そうなんです！　金利って、なんだか用語がたくさんあって、僕が話している「金

利」と深野さんが言う「金利」が同じなのか不安になりながら話を聞いていました。

ひとくちに金利といっても「市場金利」や「政策金利」、「短期金利」、「長期金利」など、さまざまな種類や名称がありますからね。

しかも、**「短期金利」と「政策金利」はほぼ同じ意味で使われたりする**ので、よけいに混乱を招くんですよね。

文脈によって使い分けられたり、何の金利を指しているのかによってニュアンスが異なってきますからね。ここで金利の種類や用語をいったん整理しましょう。52～53ページに金利関係の用語集があるので、ざっくりとでいいから読んでおいてください。読者の皆さんも、言葉に迷ったらこの用語集に立ち戻ってくださいね。

正直、これを全部、覚えるだけでかなり時間がいりそうです……(笑)。

そうですね（笑）。これ以外にもいろんな用語がありますが、要するに「**誰と誰が貸し借りをするときの『手数料』なのか？」と考えればいい**と思います。貸し手と借り手が違うだけで、結局は金利が手数料であることに変わりはありません。

なるほど、手数料と考えれば、どんなケースでも「根本的に行われている取り引きは同じ」と思えますね。ちなみに今話題になっているのは、この「政策金利」ですよね？

その通り。日銀が政策金利を上げたことで、それに連動する世の中のあらゆる金利が上がるからです。政策金利は別の言い方だと、「短期金利」と呼ばれることがあります。

たしか、住宅ローンの変動金利タイプはこの短期金利に連動しているとか。

ただ、正確に言えば、**日銀の決定が直接的に住宅ローン金利を引き上げるわけでは**

ざっくり覚えよう！　金利関連用語集

長期金利	貸し借りの期間が1年以上の金利。 代表例：10年物国債
短期金利	1年未満の貸し借りの金利。 例：無担保コール翌日物金利
政策金利	日銀が景気の調整や物価安定などを達成するために設定する短期金利
市場金利	金融市場において金融機関同士が取引をする際の金利。「市中金利」や「実勢金利」とも呼ばれる
ゼロ金利	政策金利をゼロ近くに誘導する政策。 銀行はほぼ0%で資金を調達できる
マイナス金利	日銀からの貸し付けでお金が減る（金利がマイナスになる）こと
固定金利	お金を借りている期間に適用される利率が変わらない場合の金利

☑ **変動金利**	お金を借りている期間内に適用される 利率が変わる金利
☑ **実質金利**	物価上昇率（インフレ）などを 差し引いた実質的な金利
☑ **名目金利**	物価上昇率などを加味していない 表面上の金利
☑ **自由金利**	銀行などが自由に決定できる 普通預金や定期預金などの金利
☑ **長期プライムレート**	銀行が優良企業に対して1年以上の 長期間貸し出しする際の指標となる金利
☑ **短期プライムレート**	銀行が優良企業に対して 1年未満の貸し出しの指標にする金利
☑ **無担保コール翌日物**	金融機関同士が 1日未満で無担保で貸し借りする際の金利

ありません。日銀が上げたのは、現状の政策金利の誘導目標である「無担保コール翌日物金利」というもので、これは銀行と銀行が貸し借りをする際の金利を指します。

この「無担保コール翌日物金利」が上がると、同時に主に銀行が企業に短い期間でお金を貸す際の金利である「短期プライムレート」にも影響が出ます。住宅ローンの利率を決めるのはあくまで各銀行ですが、この「短期プライムレート」とほぼ連動しているので、各銀行が引き上げの動きを見せているんです。

なるほど。つまり利上げって、日銀が大本になる**「無担保コール翌日物金利」を上げることによって、連鎖的にほかの金利も上がっていく現象**のことなんですね。

そうです。銀行預金金利の場合は、短期金利（＝政策金利）だけでなく長期金利（＝10年物国債）も加味して、各銀行が決めています。だからこちらにも当然、影響を及ぼします。さらに今回の利上げに伴い、**保険や商品・サービス価格などにも徐々に影響が出てくる**はずです。（図⑥）

【図⑥】利上げが個人に影響を及ぼすまでの流れ

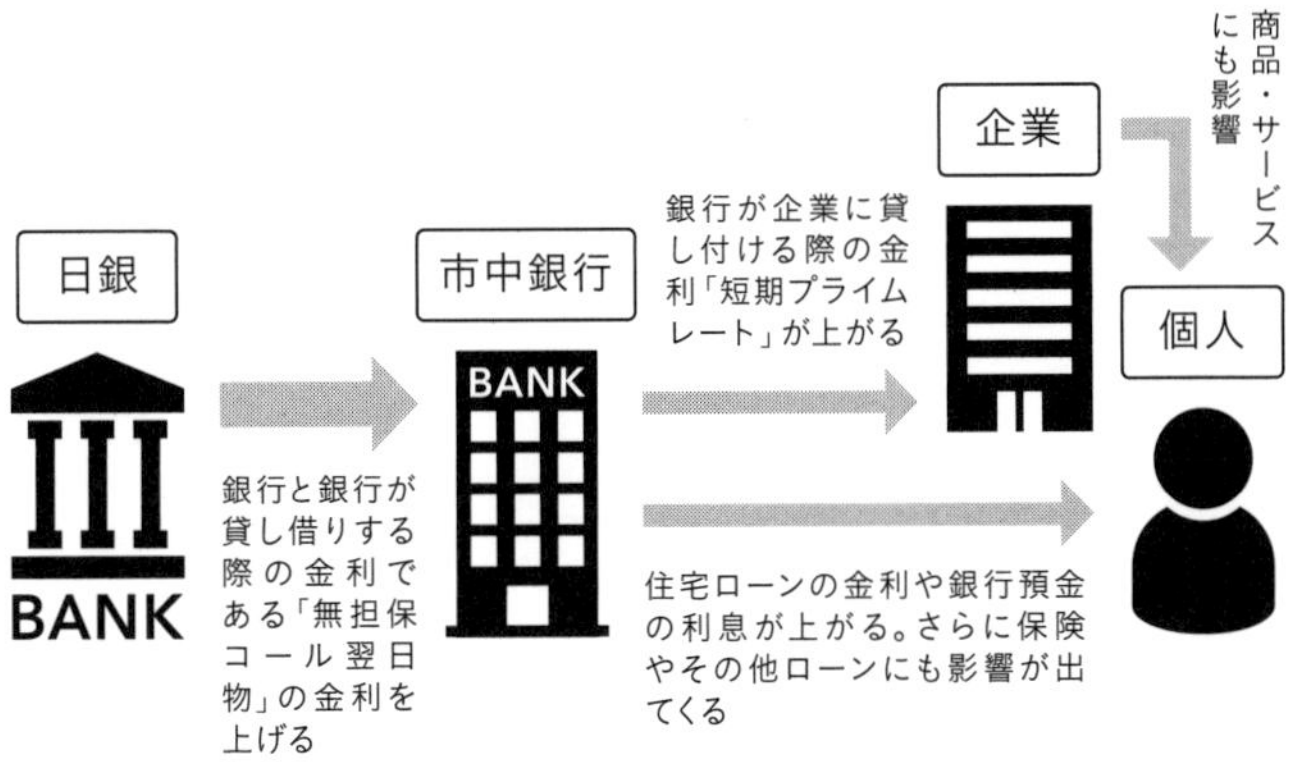

なるほど、本当にひとつの金利変更の影響が次々に〝連鎖〟していくんですね。

そうです。ある貸し借りの金利が上がれば、それに続く貸し借りの金利も上がる……といった具合に、時間差で徐々に我々にも影響が出てきます。物価上昇のように直接的な変化ではなく、**間接的に、しかも時間をかけて影響が出てくるので「自分にどんな影響があるのか？」という点が実感しづらい**と言えます。

Q3
利上げって「何のため」に行うの？

この金利を上げ下げすることで、政府や日銀は景気や物価などをコントロールしようとしています。

例えば、**お金を借りたい人が多い場合には金利は上がります**。お金を借りたい人が多い状況とは、簡単に言えば「景気がいいとき」です。景気がいいときは、企業は設備投資を積極的に行いますし、個人もモノを買ったり、美味しいご飯を食べたり、旅行をしたりと消費が旺盛になりますよね？

たしかに。景気が良ければ「ちょっと贅沢しようかな」って気分になります。

しかし、あまりにも景気がよくなり過熱しすぎると、今度は**物価の上昇に賃金がついてこなくなり**、「**高すぎてモノが買えない**」**という状況**に陥ります。トータルでは

国の経済状況が悪化してしまうんです。

つまり、**インフレを抑えるために利上げする**わけですね。

おおむねその理解でよいかと。景気が良くなり、仕事や給与もどんどん増えて消費もする……という流れができると、需要が供給を上回って物価が上昇していきます。このタイプのインフレを専門用語では「**ディマンドプルインフレ**」と呼びます。

それを利上げによって抑えるわけですね。

例えばアメリカではコロナ禍を経て経済が正常化する過程で急速なインフレになりました。しかし、政策金利を5％台にまで上げたことで物価上昇はピークをつけ、その後は高金利をキープして景気拡大の勢いが鈍化しました。

次第に物価が下落基調に転じたので、今では中央銀行である米連邦準備制度理事会（ＦＲＢ）が利下げに転じ始めています。このように、インフレは金利のコントロール

【図⑦】中央銀行は金利変化で景気や物価をコントロールしようとする

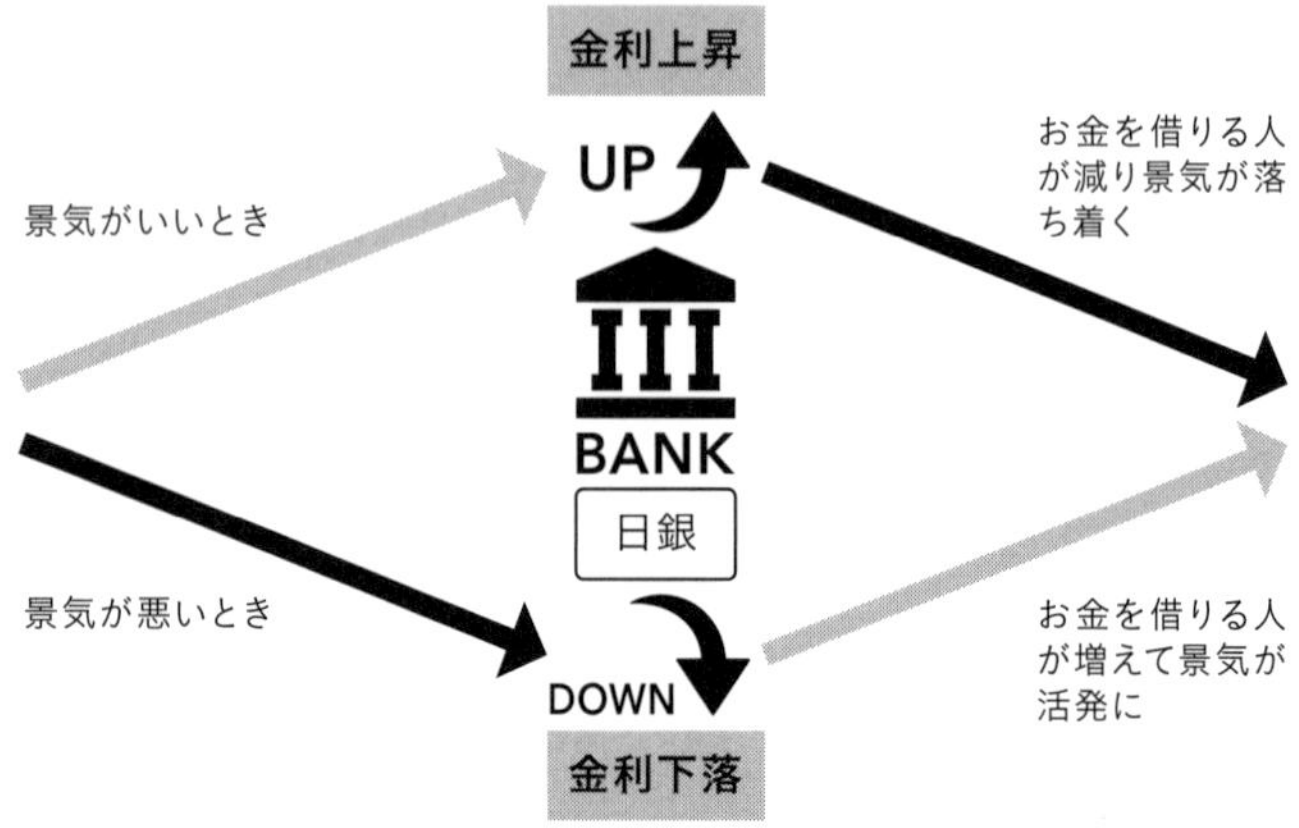

で抑制することができます。

今の日本だと「給与もどんどん増える」はなかなか現実味がないのですが……ひとまずセオリーとして覚えておきます。

反対に、景気が悪いときには「節約をしよう」となり、企業も設備投資を控えます。そうなると今度は、日銀や銀行は**金利を下げて**「**お金を借りやすい状況**」にします。お金を借りても金利が低ければ返済の負担は減るので、消費や投資をしようという気分を刺激するわけです。(図⑦)

金利はそんなふうに、**景気に応じて「上がったり」「下がったり」を繰り返す**ものなんですね。

このように金利は景気とほぼ連動して動くのがセオリーです。ただ、金利の上げ下げから実体経済に影響が出るまでには多少のタイムラグが発生します。私の肌感覚ですが、**金利の変更から経済に影響が出るまでには最短でも6～9か月かかる**感じがしますね。

Q4 「長期金利」と「短期金利」って何が違うの？

そのうえで、金利には大きく分けて「長期金利」と「短期金利」という2種類があることだけは覚えておいてください。利上げ局面で何が起きているのかを理解するのに、この2つは〝基本中の基本〟という知識になります。

改めて、２つの違いを教えてもらえますか？

まず**長期金利とは1年以上のお金の貸し借りに使われる金利**で、代表的なものが「10年物国債」です。一方、**短期金利は1年未満の場合に使われる金利**で、代表的なものが、日銀が今回引き上げた「無担保コール翌日物金利」です。

ちなみに、長期金利と短期金利って、それぞれどのように我々の生活に影響してくるんですか？

わかりやすいのは銀行の預金金利ですね。例えば今回、日銀が利上げをしたことによっていろんな銀行の預金金利が上がりましたよね？

そうですね。メガバンクも**普通預金の金利を0・001%→0・1%に変更して**「**100倍になった**」と騒がれました。

銀行預金の場合、日銀が決める政策金利（短期金利）だけでなく、長期金利（10年物国債）も加味して、各銀行が決めています。銀行によっては「特別金利」と称して定期預金にさらに金利を上乗せしたり、夏・冬のボーナス期にキャンペーンと称して金利を上乗せするケースもあります。

毎年、ボーナスの時期になると口座開設の勧誘ハガキが届いたりしますね。

そのうえで、日銀など各国の**中央銀行（セントラルバンク）は短期金利だけを変えて、それによって長期金利を間接的に動かします。**だから、短期金利と長期金利は時間差で変化が表れるんです。

なぜ短期金利を動かすと、長期金利にも影響が出るんですか？

それは、市場関係者が先んじて金利を調整するからです。まず、中央銀行は「好景

気が続き、このままだと先行き景気が過熱しそうだ」と予測したら、過熱を防ぐために短期金利を上げようとしますよね。

すると、その思惑を感じた銀行などの金融市場関係者は、「今のうちに長期でお金を借りておいたほうがいい」と、早めに動きだすんです。それによって需要が高まり、長期金利が〝先に〟上がっていきます。

言うなれば、**短期金利は「足元」の景気で動き、長期金利は「未来」の憶測で動く**のです。

反対に、政策金利を下げるときはどうなるんですか？

景気のピーク時で景気後退の兆しが見えたときには、**長期金利は将来の予測を先取りするかたちで下がり始めます**。景気に過熱感があり、「さらに景気がよくなるのは難しい。日銀はどこかで短期金利を下げるだろう」と市場関係者が予測し始めたら、先行して長期金利は下がり始めるのです。
このように、長期金利は日銀や各国の中央銀行がどのような政策を行うか、将来的

に物価が上がるのか下がるのかなどという様々な点を見越して、短期金利に先んじて上がったり下がったりします。

金利を下げる局面では、長期金利は予測が出たら勝手に下がってくるのか。だから、短期金利をいじるだけでいい、と。

ちなみに、ここで少し経済用語も説明しておきましょう。金利は基本的には「**短期は低くて、長くなるほど高くなる」というセオリー**があります。

期間が長くなるほど金利が高くなるのを「順イールドカーブ」と呼びます。また、短期金利と長期金利を比べたときに短期金利のほうが高いと「逆イールドカーブ」と呼びます。

イールドカーブとは「利回り曲線」という意味です。ただ、実務面では「カーブ」を略して「順イールド」「逆イールド」と使用することもあります。（次ページ図⑧）

景気がよくて利回りがいいと「順イールド」で、短期金利よりも長期金利のほうが

【図⑧】「順イールド」と「逆イールド」のイメージ

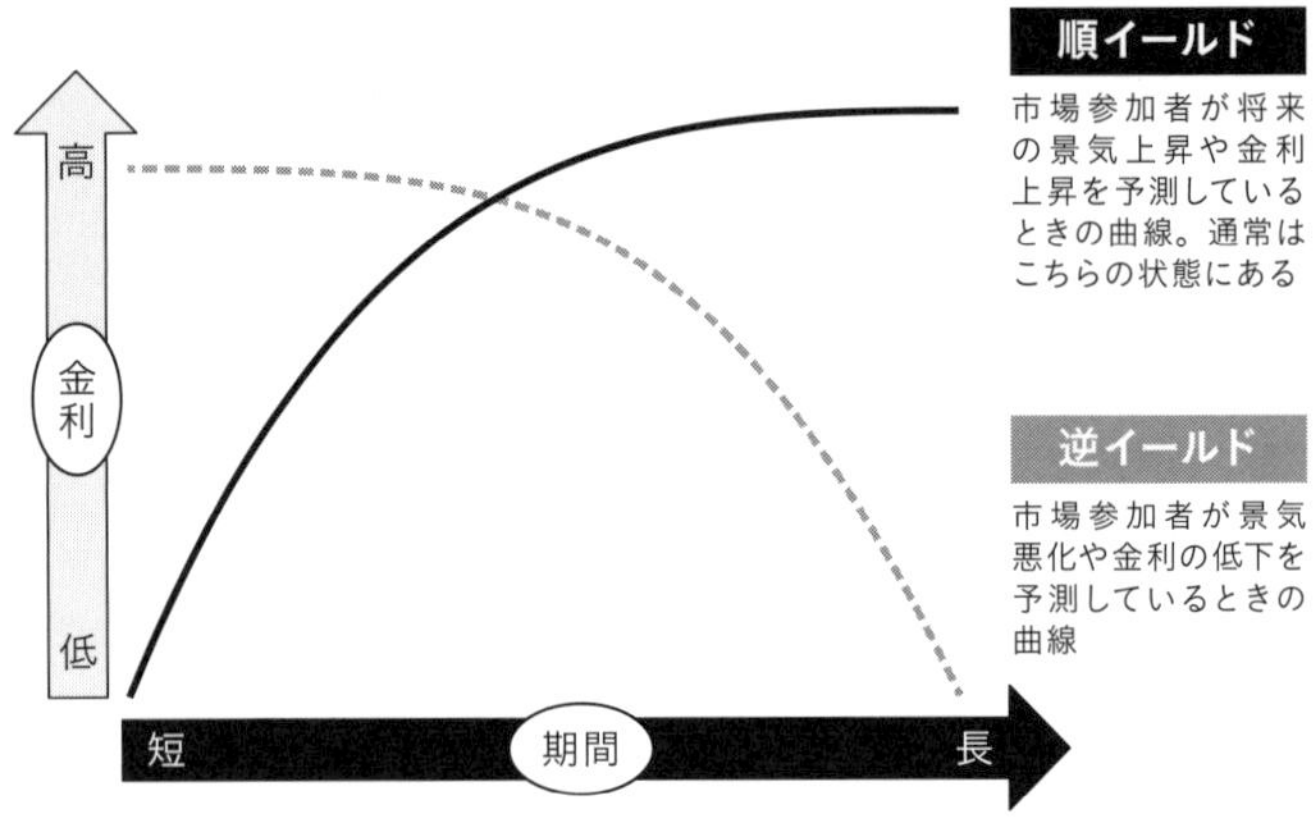
順イールド
市場参加者が将来の景気上昇や金利上昇を予測しているときの曲線。通常はこちらの状態にある
逆イールド
市場参加者が景気悪化や金利の低下を予測しているときの曲線
高
金利
低
短
期間
長

利回りが高くなるわけですね。

　その通りです。そのうえで忘れてならないのは、**通常のイールドカーブは「順イールド」の状況にある**ということです。反対に、景気が悪くなりそうだと、一時的に短期金利のほうが高くなるという現象が起こります。

　だから**逆イールドは〝景気悪化のサイン〟**でもあるのです。例えば、アメリカでは逆イールドの状態が2022年から2年ぐらい続いています。日本もバブル期には定期預金の1年未満の金利が3年物や5年物よりも高い時期がありました。

なるほど、２０２３年時点でアメリカ経済が「今後低迷していくのではないか？」と予測されていたのは、この金利面からも見てとれるのか。

Q5 なぜ日本は「ずっと低金利」だったの？

金利が経済動向によって上げ下げを繰り返すのはわかったのですが、現実に**日本では約30年間も低金利だった**わけですよね？

その通りです。低金利どころか、２０１６年2月からは世界でもスイスやユーロ圏など一部の国しか採用しなかった「マイナス金利政策」を始めました。

これは、民間銀行が日本銀行にお金を預ける際の金利をマイナスにするという施策で、要するに「お金を預ける側が金利を払う＝お金を預けると損をする」という仕組みだったんです。

それなら誰も進んでお金を預けようとは思いませんね……。

表面的には金利はマイナスにはならないはずなので、**政策金利を0％にすると日銀は〝手詰まり〟**になります。

そこで、「これ以上金利を下げることができない」などとヘッジファンドといった投機筋に見透かされることを日銀が嫌ったことも、マイナス金利政策を導入した背景といわれています。そうまでして、企業や個人が銀行からお金を借りやすくして、デフレを克服したい状況をつくったんですね。（図⑨）

それでも日本は物価や給料が上がらず、ずっとデフレだったと。

デフレのたちが悪いのは「対処法がない」ことです。モノの値段を上げる術を政府

【図⑨】日銀が〝ある手この手〞でデフレ退治を試みた軌跡

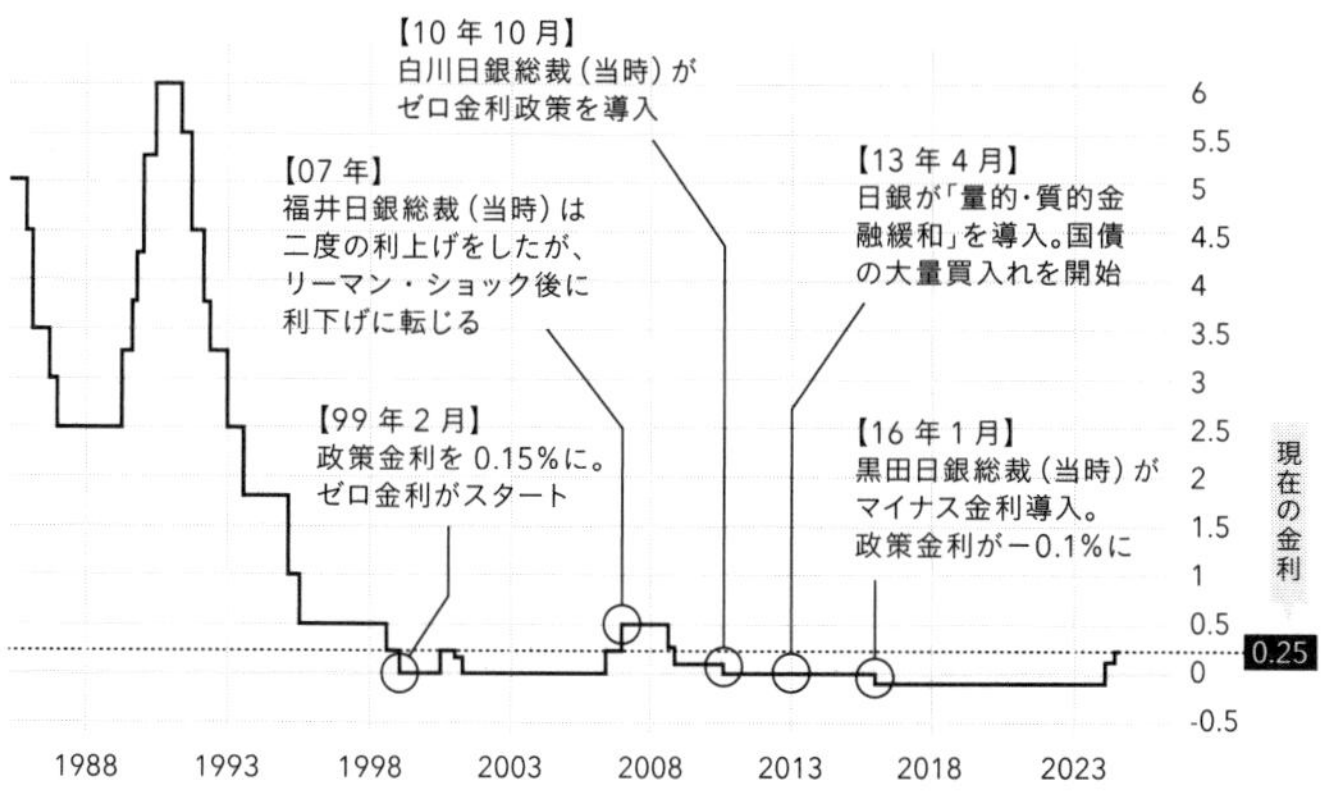
【10年10月】
白川日銀総裁（当時）が
ゼロ金利政策を導入
【07年】
福井日銀総裁（当時）は
二度の利上げをしたが、
リーマン・ショック後に
利下げに転じる
【13年4月】
日銀が「量的・質的金
融緩和」を導入。国債
の大量買入れを開始
【99年2月】
政策金利を0.15%に。
ゼロ金利がスタート
【16年1月】
黒田日銀総裁（当時）が
マイナス金利導入。
政策金利が－0.1%に
現在の金利
0.25
6
5.5
5
4.5
4
3.5
3
2.5
2
1.5
1
0.5
0
-0.5
1988
1993
1998
2003
2008
2013
2018
2023

や中央銀行は持っていません。

え!? デフレって対処できないものなんですか?

デフレ状況下では、いくら金利を下げたからといっても変わらないのは、過去30年の日本の金融の歴史が証明してしまいました。長く低金利政策、いや、**〝超〞低金利政策まで行ってきたのにデフレを脱却できなかったのが、その証拠**です。

一度デフレになると、モノの値段が上がるインフレになるまではすご

く大変なんですね。

そうですね。だから日本は**あの手この手でデフレを脱却しようとしてきました**。例えば、かつて金利にはマイナスという概念はありませんでした。「ゼロまで下げたらそれ以上は下げられない」というのが、過去の中央銀行のセオリーです。

しかし、日銀はさらに、金利がこれ以上下げられないのであれば、**世の中に出回る通貨の量を増やして市場金利を下げる**「**量的緩和**」**という金融政策**を取りました。それでも日本人のデフレマインドは変わらなかったんです。

Q6 金利を下げてもデフレ退治できなかったのはなぜ？

本来なら、金利が下がれば景気はよくなるのがセオリーですよね。それでも全然効果が表れなかったのはなぜでしょうか？

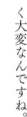

日本ではバブル崩壊後の「失われた30年間」で、企業も私たちも「**お金を使わない」という意識が骨の髄まで染みついてしまった**のが大きいと思います。

たしかに。うちの両親も「ぜいたくは敵だ」くらいの勢いで浪費に厳しかった覚えがあります。

「景気の〝気〟は気持ちの〝気〟」とも言いますしね。日本政府が正式に「国がデフレに陥っている」と認定したのは１９９０年代後半のことですが、**実は２０２４年現在も「デフレ脱却宣言」をしていない**ので、形式上の経済はデフレ下にあるんです。

それともう一つ、私は日本が30年間もデフレと低金利にあったのは、**消費増税の影響がとてつもなく大きかった**からだと思っています。

どういうことでしょうか？

そもそも、消費税はモノを買ったときやサービスを受けたときにかかる税金です。消費税があると出費は多くなります。**消費増税は実質的な「値上げ」と同じこと**になるわけです。

一つ１００円の商品でも、10％の消費税がかかれば１１０円を払うことには変わりはないですもんね。

日本は１９８９年に３％の消費税が導入されました、その後、１９９７年に５％、２０１４年に８％、19年に10％と、段階的に引き上げられました。これは、「**値上げ分の利益を、企業ではなく国がかすめ取っていった**」ということになると思います。本来なら低金利で景気が刺激されてモノを値上げしようと考えていた矢先に、値上げする分を消費税として〝先取り〟してしまったんです。

それで低金利政策の効果がほとんど見られなかったわけか。

日銀が低金利政策を行い、景気を刺激しようとしているのに、財務省が財政健全化などのために消費増税を行って消費を縮小させてしまった。結果的に、財布から出ていくお金の量が増えているのに買っている量は変わっていない。みんな「節約しよう」と家計防衛を考えて当然です。だから、デフレマインドが染みついてしまった。

日銀の考え方と財務省の方針が真逆だったわけですね。

増え続ける社会保障などの財政問題を解決するという目的もありますから、消費増税の是非はここでは問いません。ただ、消費税は導入から一時期（８％へ引き上げ）までは社会保障を目的とした財源ではなかった。だって、健康保険料や年金保険料などはすでに別枠で負担しているじゃないですか？

これ以上のグチを言うのは控えますが、車でいえば、低金利政策はアクセルを踏む行為で、消費増税はブレーキをかける行為です。**アクセルとブレーキを両方踏んだ結果、ブレーキのほうが強くかかった**……というのが２０００年代以降の日本経済の実態だと思います。

車でもアクセルとブレーキを同時にかければ壊れちゃいますよ……。

実際に、過去には何度も物価がプラス圏まで上昇して、デフレから抜け出せる道筋が見えてきたことがありました。しかし、その度に増税というブレーキを踏んでしまった。特に消費税が「10%」になったのはインパクトがあります。8%と10%を比べれば、計算しやすいうえに「2桁もとられる」と感じるので、消費マインドへの影響がかなり違います。

結果的に、私たちは**デフレの間に「お金の使い方を忘れた」**といっても過言ではないのかもしれませんね。

私がセミナーで「１００万円をあげると言われたら、皆さんお金を何に使いたいですか？」という調査をさまざまな都道府県で行ったら、「全額を貯金」と答える人が半数以上いましたから。

ちなみに「全額使います」と答えた人はどこも1割以下。もはやあぶく銭さえ使うことに恐怖を覚えている人も少なくないと思います。

そういえば今では「**お金使えない症候群**」という言葉もあるようです。これは極端に消費を恐れる人を指す言葉で、なかには資産が1000万円以上あるのに、資産が減ることを恐れて、電気代をケチって暗い部屋で生活する人もいるとか……。

もはや「貧乏性」などという言葉では言い表せない病的な何かを感じますね。電気代が高いからと猛暑でもエアコンを使わず、節約に励みすぎて健康を害してしまうなんて笑いごとでは済まされないですから。

ただ、繰り返しますが、「景気の気は、気持ちの気」です。今後の利上げによって、個人的には**金利が上がると若年層よりも高齢者のほうが、より意欲的に「消費しよう」というマインドに変わっていく**と思っています。

日本の金融資産の6割超は60歳以上の世帯が保有しいるそうですし、そうなればインパクトは大きそうですね。

高齢者ほど家計における預金の比率が高い。そんななかで金利が上がるので利息収入は増えるはずです。そんな彼らのマインドを「**老後に備えて貯蓄しよう**」から「**ちょっと余裕が出たからいいモノを買おう**」と変えることができるかが、消費を活性化させるポイントだと思います。

高齢者の皆さんも、「もう一度バブル」とまでは言わないでも、過剰に貯めている老後資金を消費に回してくれると、より景気はよくなりそうですね。

「ムダ遣いしろ！」とまでは言いませんが、スーパーなどで買い物をしたらもう一品、月に5000円とか1万円を多く使うだけでも、かなり消費は増えて景気がよくなると思うのですが……。

Q7

日本の金利は「どこまで」上がるの？

じゃあ、なんで「今このタイミング」で日本は金利を上げようとしているんですか？　金利関連のニュースで最も疑問に感じることです。

一言でいえば**「外圧」で上げざるを得なくなった**、というのが正直なところでしょう。まずは世界的なインフレです。第1章でも述べましたが、日本の場合、資源エネルギーのほぼ１００％を海外からの輸入に依存しています。食料品の国内自給率はカロリーベースで4割弱ですから、６割強は海外に依存しているわけです。

日本は輸入が増えるとモノの値段が上がりやすい状況なんですね。

加えて、２０２２年以降は海外ではコロナ禍明けの経済正常化に伴い需要が爆発して、自然とモノの値段が上がる状態になっています。

その値上げに日本では**円安が拍車をかけました。**２０２４年6月には、１９８６年以来38年ぶりとなる1米ドル１６０円台に到達しています。日用品や食料を輸入に頼っていると、円安が進めば日本の物価は上がってしまいます。

その結果、日銀が当面超えると思っていなかった年2%の物価上昇が現実のものとなり、**一時期は年4%という無視できない水準まで上昇してきた。**さすがに日銀も「金利を上げる」という金融政策を断行したわけです。

そもそも、金利はどれくらいが適正なのでしょうか？

適切な金利がどれくらいなのかは難しいところですが……。**「中立金利」という考え方**があります。これは景気が過熱しすぎないし、悪化もしないちょうどいい水準の金利のことです。基本は物価上昇幅に対して、プラス1～2%くらいが中立金利とされています。

ただ、日本の場合は物価上昇幅にプラスできるほど景気が過熱するのは考えにくいし……。そのぶん**1～2%くらいまで上がってもよいという考え**になるのかな。

かつて、アメリカは中立金利を3～3・5%ほどに置いていたと言います。コロナ禍を経て10%近いインフレが起こったアメリカで金利を5・50%まで引き上げたのは、この中立金利が理由になります。

一方、日本では長年デフレ下にあったので、中立金利が全然意識されていなかったと言えるでしょう。

ではこれが最も気になることなのですが……、このあと金利はどうなるのでしょうか？　上がり続ける？

私は、「〇〇ショック」のような大きな外部環境の変化が起きない限り、**利上げは続く**と見ています。それには大きく2つの理由があります。

やはり……。その理由は何ですか？

まず、**マクロ経済だけを見れば、日本は決して不況ではない**ということ。物価が上

がったことで企業と労働組合が賃金交渉を行う春闘もほぼ満額回答になり、給与も上がり、物価上昇を吸収できるくらいの上昇率になっています。

賃金が上がっていくならば、物価が上昇しても庶民の暮らしは苦しくない。つまり、「金利を上げても問題ない」と日銀が判断しているわけですね。

そうですね。実際、日本企業は円安もあって企業収益が改善しています。景気がいいと税収も上がるものです。２０２３年度の国の一般会計では税収は過去最高の72兆７６１億円だったと財務省は発表しています。これは**4年連続の過去最高を更新**で、企業業績が好調だったために法人税の税収が多かった証拠です。

ただ、僕ら庶民の実感としてはそんなに好景気じゃないのですが……。

もちろん、すぐに私たちの**生活が立ちゆかなくなるような利上げはしない**でしょう。ゆるやかに物価も給与も上がっていくなかで、日銀は「良い景気」を維持できるよう

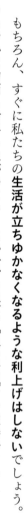

に、金利をコントロールして、物価上昇を抑えると思います。

マイルドに上がっていくならばちょっとは安心します。

とはいえ、「金利を上げる」と景気には少しブレーキがかかります。アメリカも２０２４年９月に５・50％から５・00％へ利下げしていて、アメリカが利下げして、日本が利上げすると日米の金利差は縮まっていくので、**為替はゆっくり円高／米ドル安方向へ向かう**と考えています。これまで日本の株価は円安を背景に上昇してきたので、ちょっと上がりづらい状況になるでしょう。

となると、２０２５年の日本の景気は円高などが影響してやや低迷すると予想できるわけですね。

そうですね。ただ、セオリーでいえば、金融政策を反転させて**一度金利が上がれば、上がっていく状況が数か月から1年半ほど続くはず**です。中央銀行が一度上げた金利

をすぐに下げることはまれで、基本的には引き上げ続けますから。そして、もう一つの理由はまさに「日銀の思惑」です。

日銀が「利上げをしたがっている」ということですか？

その通り。実は２０２４年9月の日銀金融政策決定会合では、「経済・物価がオントラックで推移していく場合、早ければ２０２５年度後半の１・０％という水準に向けて、段階的に利上げしていく」という発言がありました。

日銀の関係者が目標数値を口にするのは信憑性があります。ですから私も、**政策金利1%は一つの目安になる**と思っています。

日銀はなんでそんなに利上げをしたがっているのでしょうか？

これは私の推測ですが……。今後、景気が悪化して「金融市場のクラッシュ」などが起きたときに**利下げをする〝余地〟を残しておきたい**のでは、と。

金融市場のクラッシュとは「〇〇ショック」的な暴落のことですよね？

そうです。そういったクラッシュが起きた際に行える金融政策は「財政出動」と「金利の調整」の二本立てです。

財政出動は「減税」や「プレミアム商品券」などをイメージしてください。政府がバラマキを行うと景気を刺激できる。ただし、これは日本政府の財政が悪化するので財務省としてはあまりやりたくない。

一方、金利を1％まで上げておけば、**いざというときに、0・25％の利下げを4回行うことができます**。その〝余地〟を整えておきたいというのが、財務省や日銀の思惑なのでは、と。

なるほど。役所もいざというときに備えておきたいんですね。

これはかつての〝教訓〟も関係していると思います。実はリーマン・ショックが起

こる前の2006年に日銀はゼロ金利政策を解除し、その後は政策金利を0・25%から0・5%に上げて「いつ0・75%まで上げるか?」という議論がされていました。しかし、直後にリーマン・ショックが起きてしまい、日銀は不本意ながらも景気を刺激するべく利下げせざるを得なくなったのです。

金利を上げる前に金融ショックが来ちゃったわけですね。

あのときは金利が0・5%だったので、0・25%の利下げだと2回しかできず、仕方なく0・15%刻みの利下げという中途半端な施策をとったあげく、景気回復へのインパクトも弱かった。そのときの教訓があるので、「**景気がいいうちに金利を上げておこう**」**という考え**があるのではないか、と。

日銀の視点で考えれば、そう思うのも納得ですね。反対に消費者目線では、なんか予防措置に巻き込まれているようでモヤモヤしますが……。

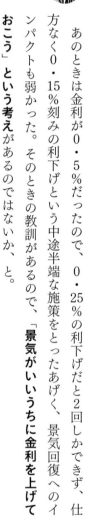

なので、基本路線として**2025年は「利上げ継続の年」になる**と思いますし、今から「政策金利が1％になった日本」を想像しながら、お金の対策をしていくことが重要だと思います。

その対策法を、ぜひ教えてください！

この章で絶対に覚えておくべきこと

- 金利上昇局面では「お金を貸す側」が得をする
- 利上げとは金利上昇が「連鎖的に波及」する現象
- 長期金利は「未来」、短期は「足元」で動く
- 政策金利が「1％」になる時代に今から備えておく

第3章

金利のある世界での「お金の増やし方」

投資に熱心な人も多いですが、「金利のある世界」が訪れた今、新しい「お金の増やし方のセオリー」を知らなければいけません。

そこで今回は、「政策金利が1%になったら？」という未来に備えた、基本戦略として3つのルールを提案しようと思います。

とはいえ、なにも怖がることはありません。

むしろ、多くの人にとっては「リスクを抑えて資産を増やす」という選択が取りやすくなるからです。

金利のある世界でお金を増やす「3つの基本戦略」

この章では**「金利のある世界」における投資のセオリー**について解説していきますね。大きく3つの基本戦略があります。

3つの基本戦略……とは、何でしょう？

それは、①**「金利の波を意識する」**、②**「リスクを抑えてお金を増やす」**、③**「お金を貸す側に立つ」**ということです。これらを意識しながら、適切な場所に適切にお金を置く、真のマネーリテラシーを身につけることです。

なるほど。金利が上がることを踏まえて、自分が持っているお金の〝配置〟を見直す……ということだと思うのですが、もっと詳しく教えてもらえますか？

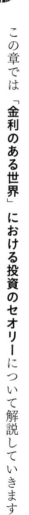

順番に説明しましょう。まず①の「金利の波を意識する」ですが、第1章で金利にはサイクルがあるという話をしましたよね？

はい。たしか「上昇局面」、「ピーク圏」、「下落局面」、「ボトム圏」が繰り返されるという話だったと。

その通りです。過去の経験則では「上昇局面」は長くても1年半から2年半ほどになります。その後に「ピーク圏」が訪れるのですが、金融商品を選ぶ際にも「**今はどの金利の状況局面なのか？**」、「**そろそろ金利のピークは近いのか？**」などと考えたほうがいいのです。

例えば、債券や定期預金の場合、金利上昇局面だと買ったり預けたりした後に金利がさらに上がっていく可能性もあります。タイミング次第で損をしかねないんです。

ただ、そこまでうまく〝波〟に乗れるものなんでしょうか？

大丈夫。詳しくは後述しますが、金融商品を選ぶ際はちょっとした〝コツ〟があるんです。それを駆使すれば、うまく金利の波に乗ることだって可能ですよ。

うう……。早くコツを知りたいです。

慌てずに(笑)。いったんほかの2つの戦略の話をしますね。

②の「リスクを抑えてお金を増やす」ですが、これは低金利時代の常識だった「余剰資金はなるべく投資に回してお金を増やす」という考え方を調整することです。具体的には、これまで株式ばかりだった**資産ポートフォリオに、債券や定期預金などの元本保証型の商品を組み込んでいく**ことです。

「金利のある世界」なら、利息だけでもそれなりにお金が増えるからですね。

そうです。金利上昇局面では、積極的に投資をしなくても預金や債券などがアドバ

ンテージをもたらしてくれます。そうすれば、③の「お金を貸す側に立つ」という戦略もおのずと見えてきます。

なるほど、株式とちがい**債券や預金は、国や企業、銀行にお金を貸していることに**なりますもんね。

もちろん、資産形成を始めたばかりの若い人や「資産を大きく増やしたい」という人は政策金利が1・0%に上昇しても債券や預金のリターンだけでは残念ながら達成不可能でしょう。

仮に、政策金利がさらに上昇して2〜3%になれば話は別ですが……、**政策金利が1・0%台なら、依然として株式や投資信託なども併用**しなくてはいけません。ただ、せっかく金利が上がっていく時代なら「金利の力」を味方につけないのは非常にもったいない。

乗るしかない、このビッグウェーブに……というやつですね。

資産ポートフォリオを「利上げ仕様」に変える

では、具体的には金利上昇局面ではどのように資産ポートフォリオを変えていくのがいいんですか？

せっかくなので、ウエノさんの資産ポートフォリオを見せてもらえませんか？

ええ……、読者さんにまで明かすのは恥ずかしいのですが……。大まかにはこんな感じの割合です。リアルな金額を明かすのはご勘弁ください！（図⑩）

ちゃんと投資していますね。ただ、**資産の半分以上が株式など「リスク資産」というのは若干〝攻めすぎ〟**な気もします。ちなみに、どんな方針で資産運用をしてきたんですか？

【図⑩】記者ウエノの資産ポートフォリオ

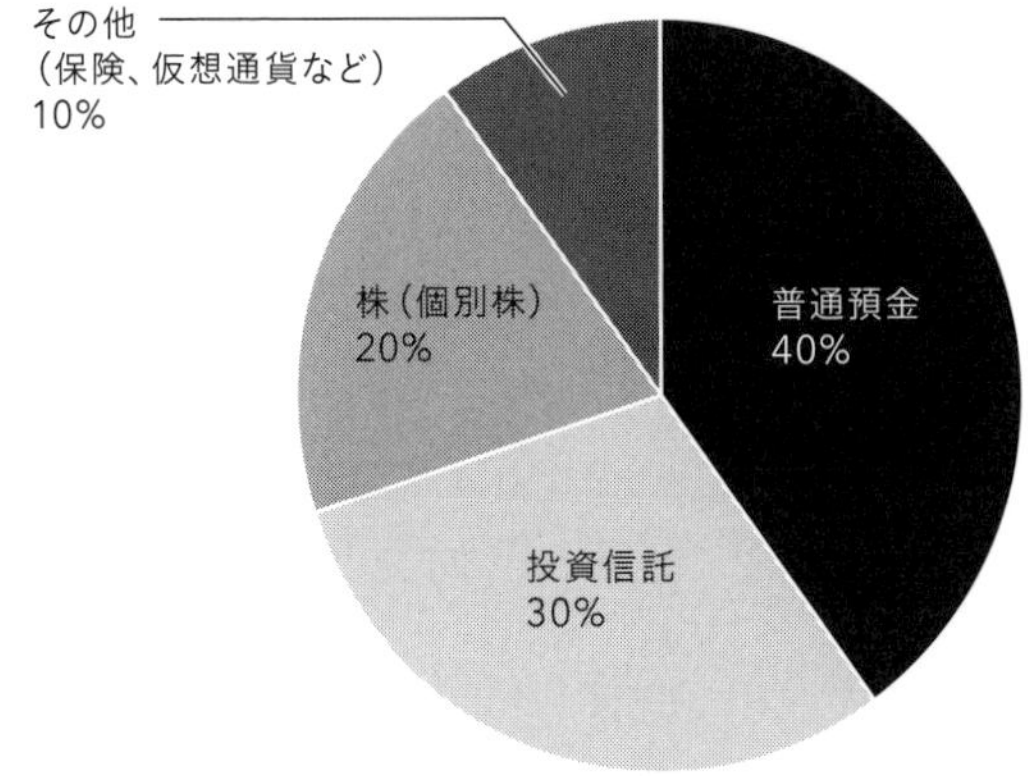

ええと、個別株はその時々に「これが上がるかも」と思った銘柄を買ってずっと持っているんですが、そんなに値上がりせずで……。

投資信託は、Ｓ＆Ｐ５００は年平均７％超上がっていると聞いたので、なんとなく「複数の資産に分散しても**毎年7%くらいお金が増えていくといいかな**」と思って積み立て投資をしています。

ちなみに、仮想通貨やＦＸにも手を出したのですが、仮想通貨は塩漬け状態で、ＦＸはちっとも儲からなかったのですぐにやめてしまいました……。

なるほど。では**「年7%」がひとつの目安**になるわけですね。ただ、年7%というのは「米国のS&P500指数に100%資金を投資した場合」のリターンであって、分散投資をすると、個別株や仮想通貨などで7%を超えたリターンを確保しなければ達成するのは難しくなりますね。

たしかに……。ほかの個別株で7%超を稼ぐどころか、最近はむしろマイナスになっています。

また、少々リスクを取りすぎていますから、目標を年7%から少し下げたほうがいいと思いますよ。**資産形成の基本は「大きく減らさないこと」**です。

そう考えると、かなり中途半端なポートフォリオですね。「攻める」のか「守る」のか、どっちつかずというか……。

【図⑪】深野さん提案！利上げ仕様のポートフォリオ

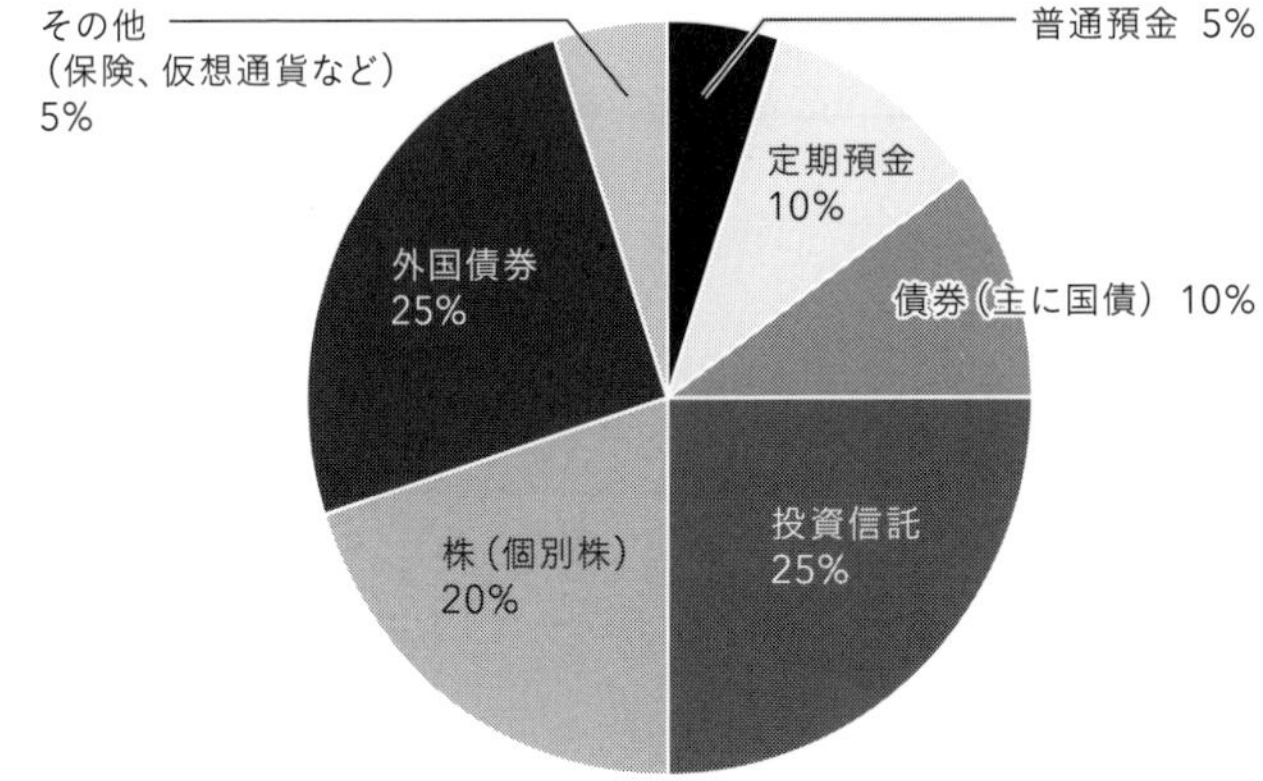

さらに今後は、金利が上昇してくると株価の方向感がつかみにくくなる傾向にあります。リスクを抑えながらそれなりのリターンを狙う観点からすれば、**目標利回りは5・0%を目安**にしましょう。例えば**【図⑪】**のようなポートフォリオに変えていくのはいかがでしょうか？

定期預金と国内外の債券を組み込んだかたちですね。これでもちゃんとお金は増えるんですか？

恐らく「年5%」の収益は確保で

きると思います。最初のポートフォリオは収益がほとんど期待できない普通預金に4割の資金を配分していましたから……。

そのうえで定期預金や国債は元本が保証されていますし、普通預金よりも金利が高いので、**資産が目減りするリスクは抑えられる**でしょう。

ただ、預金や債券などは高収益を期待するのは難しいですから、債券でもある程度の収益を狙うために「外国債券」を組み入れます。**おおむね国内外の株式や債券などに4分の1ずつ資金を配分**するイメージです。

なるほど。年5%でも低リスクで実現できちゃうわけですね。

その通り。低金利時代に資産を増やすためには、「攻めのポートフォリオ」を組まなければいけませんでした。つまり、投資においては株式や投資信託などを資産のうち90%などと高めに保有するかたちです。これは、実際にはかなりのハイリスク・ハイリターンな資産運用なのです。

でも、これだと「守り」のポートフォリオすぎませんか？

「守り」でいいんですよ。金利がある世界では、そもそも預金や債券（国債）が資産をそれなりに増やしてくれる商品になります。まずは「**資産を減らさない**」**という意識が大事**。そのために金利を活用するのです。

株式投資一辺倒ではなく、預金や債券の割合を増やして、元本保証でリスクを抑えてもしっかり資産が増えていく。それが金利のある世界のいいところです。

金利上昇時代のコア・サテライト戦略

資産形成では「**コア・サテライト戦略**」**が重要**だと言われますよね。ポートフォリオを守りのコア（中核）と攻めのサテライト（衛星）に分けて管理する運用方法ですが、その戦略も金利上昇時代に合わせて変化させるのがいいと思います。

まず、資産形成の基本はいつの時代も「**長期・積立・分散**」です。ただ、超低金利時代は預金や債券で収益を稼ぐことができなかったことから、株式や投資信託などのリスク資産に多額の資金を振り向けてしまう〝集中的な運用〟も仕方がなかったと言えるでしょう。

しかし、**金利上昇時代に変わった今は「分散」がより重みを増す**ことになります。資産形成はどちらかといえば収益（＝増やすこと）を重視する傾向にありますが、中・長期では「資産を大きく減らさない」運用を心がけることが最も大切になります。

たしかに、これまでは増やすことばかりに気持ちがいって「減らさない」という意識は弱かった気がします。

そこで参考になるのが、**ＧＰＩＦ（年金積立金管理運用独立行政法人）のポートフォリオ及び投資スタンス**です。それを見ると、「国内株式」「外国株式」「国内債券」「外国債券」という4つの資産に25％ずつ均等に投資しています。個人の資産運用でも、このポートフォリオ比率は「コア資産」として有効だと思います。

なるほど。安定運用を目指すコア資産として、この比率を〝マネる〟手もあるわけですね。

各資産の買い方としては、株価や債券指数に連動するインデックスファンドを均等ずつ購入するのもよし、あるいは債券は直接国債を買うのでもいいです。金利のピーク圏であれば、国内債券の一部を定期預金で代用するというのもアリです。

また、自分でポートフォリオを構築するのが面倒であれば**4資産に均等に投資する「バランス型ファンド」**でもいいでしょう。

そして、このポートフォリオのほかに基本生活費の半年〜1年分の現預金を常に保有しておきましょう。**現預金を保有することで、急落時に慌てて株式や投資信託を売らなくても済む**ようになるからです。

たしかに……。現金が足りなくなって、株を泣く泣く売却する投資家さんもいると聞きますし。

コア戦略では安定を狙うぶん、「**サテライト資産**」**は積極的にいくのも手**です。キャピタルゲインを重視したいのであれば、売買を基本とした個別株を選ぶ、あるいは日経平均株価などに連動するＥＴＦでもよいかもしれません。

また、配当などインカムゲイン狙いなら、**高配当株や高配当株指数連動のＥＴＦ、米国債などで定期的に収入**を得て「生活を豊かにするために使う」という戦略もアリだと思います。

高利回りの債券などでコア資産を持っておけば、サテライトの部分ではいろいろと〝冒険〟ができそうですね。

その通りです。金利がある世界ではコア資産の部分がしっかり安定的な利回りで回っているので、サテライトのほうはコツコツと**オルカンやＳ＆Ｐ５００で積み立てをするというよりも、さらに積極的に売買してもいい**のでは、と思います。金利がある世界ではいろいろと投資戦略を増やすことができます。

預金編①

期間の短い定期預金を〝つなぎ〟で使う

先ほどのポートフォリオ調整の例で言えば、まずは普通預金で持っていたお金の一部を定期預金に振り替えるってことになりますよね。定期預金っていろんな種類がありますけど、どんなタイプを選んだらいいんですか？

ずばり言います。金利上昇局面では、**なるべく金利の高い「1年物定期預金」**を選びましょう。それを**毎年乗り換える**ようにしてください。

え、そんなに頻繁に変えたほうがいいんですか？

理由を説明しますね。そもそも定期預金とは、「決められた契約期間内は原則お金を引き出せない代わりに、普通預金よりも高い金利を得られ、預入時の金利が満期ま

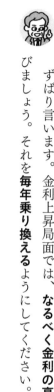

で適用される」という固定金利の商品です。その契約期間も「1年物」「3年物」「5年物」など様々な種類があります。そして、期間によって設定されている金利もバラバラです。

はい。実際には期間内でも出金（中途解約）できるけど、そのぶん、受け取る金利が減っちゃうんですよね。

そうです。だから当面使う予定がないお金は普通預金ではなく定期預金に入れておくほうがいい。とはいえ、**適当に商品を選んでずっと持っておくだけじゃダメ**。定期預金の効果を最大化できる〝コツ〟があるんです。

そのコツとは……？（ゴクリ）

先ほど、金利上昇局面では〝金利の波〟を意識することが大切だと話しましたよね？　金利上昇は数か月から2年ほど続き、その後に金利のピーク圏が訪れます。定

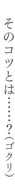

期預金の効果を最大限に享受する方法とは、この**ピーク圏で「なるべく多くの金額を長い期間で〝固定〟する」**ことなんです。

ええと、それと1年物の乗り換えがどう関係するんでしょうか？

一般的に定期預金の金利は原則1週間ごとに見直しされていますが、金利がピーク圏になったときに「すでに定期預金を契約しているから、預けるお金がない」という事態を避けたいのです。

ちなみに、かつては半年ごとに金利が見直される「変動金利型定期預金」もあったのですが、超低金利が長期化したので各銀行とも取り扱いをやめてしまいました。

そのために、今の商品ラインナップなら金利上昇局面では〝つなぎ〟として期間が短い定期預金を使う。具体的には数か月～1年物です。そして、**いざピーク圏が近いと感じたら、5～10年物の定期預金**に入れてください。（次ページ図⑫）

なるほど。短い定期でつなぎながら、金利のピークを〝狙いにいく〟感じですね。

【図⑫】定期預金をお得に使いこなす戦略

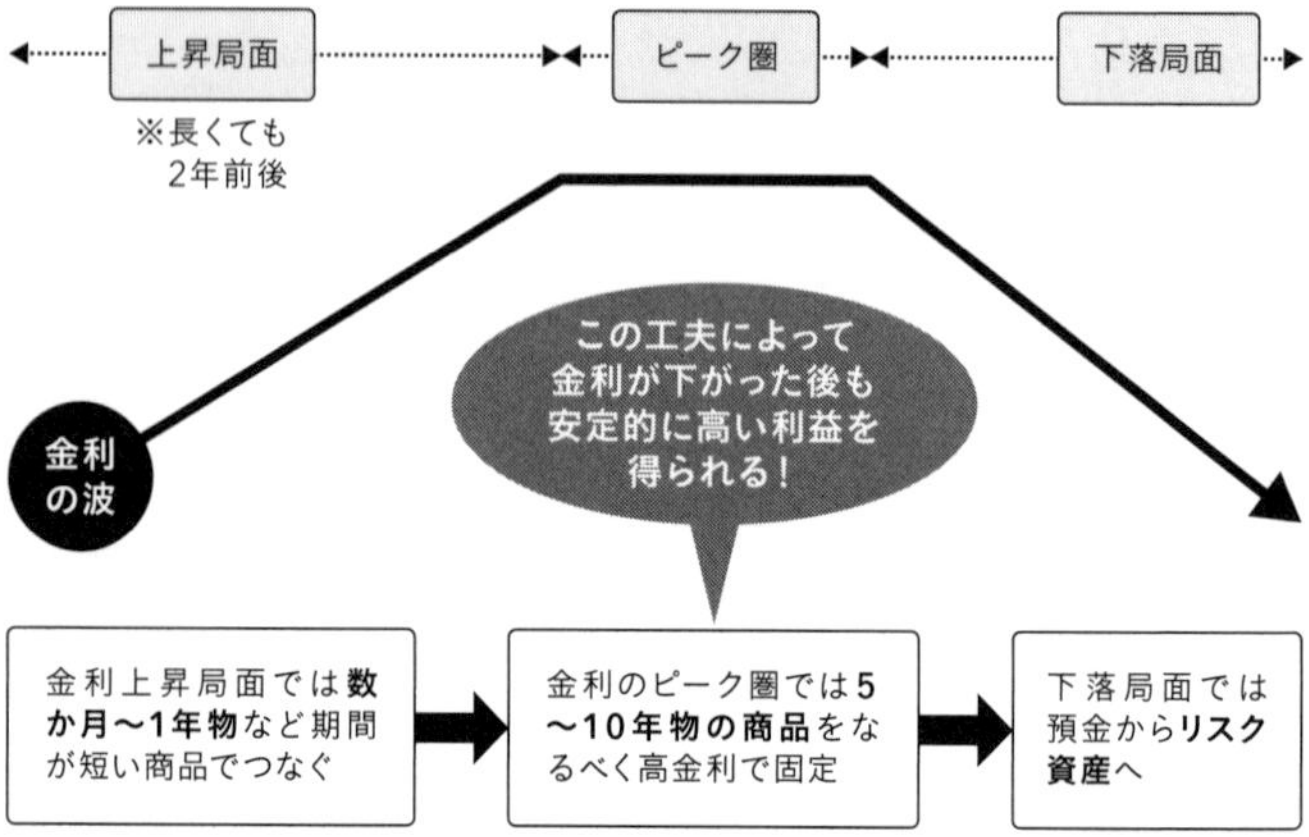

実際には、金利がどこでピークをつけるのかは未知数です。ただ、ピークをつけたときになるべく長期間で定期預金を固定できると、**その後は安全・確実に高金利で運用できる**わけです。

　こうした方法で得をした人がバブル時代にはたくさんいました。第1章で「バブル期の人たちは高金利に慣れすぎて、うまく低金利時代にシフトチェンジできなかった」と話しましたよね？　実はそこには、「あえてする理由もなかった」という側面もあるんです。

どういうことですか？

仮に、かつての高金利時代のピークだった１９９０年頃に10年物定期預金を契約した場合、その契約期間が切れるのは２０００年頃です。つまり、その間ずっと高金利の恩恵を享受できたわけです。**「利息収入があるのだから、あえて株なんて買う必要はない」**と考えるのが普通でしょう。いわゆる「果報は寝て待て」というわけです。

たしかに……。なんて羨ましい。

預金編②

お得な「1年物定期キャンペーン」を狙う

では、金利のピーク圏をどう狙えばいいんでしょうか？

やはり、**政策金利が1%を超えてきた頃が目安**ですね。今後、政策金利が１％まで上がってくれば、一部の銀行では恐らく、長期10年物の定期預金で２％台という水準の商品まで出てくる可能性が高いと思います。

単純計算だと、１００万円を預ければ毎年２万円が手に入るわけですもんね。バカにできない収入！

ただ、実際には金利収入には約20％の税金がかかるので、手取り額は１万６０００円程度になります。金利が高くなるほど、税引き前と税引き後の差は大きくなるので、**何か計算をする際には税引き後を基準に考えたほうがいい**ですね。

なるほど。ぬか喜びを避けるためにもそうします！

やや横道に逸れましたが、政策金利が１％に上昇してくれば、恐らくメガバンクの

【表⑬】メガバンクとネットバンクの金利比較（一例）

銀行名	1年物	3年物	5年物	普通預金
メガバンクA	0.125%	0.15%	0.20%	0.10%
ネットバンクB	0.50%	0.60%	0.70%	0.11%

※税引き前の利率で比較（2024年12月時点）

定期預金でも1%台の商品が出てくるでしょう。となれば、世間が騒ぎ出す。テレビのニュースなどにも取り上げられたり、あちこちで話題になってくると思いますよ。**もし10年物定期預金で2%超が出てきたら、資産の3分の1程度は入れていい**かもしれません。

ちなみに、選ぶべき銀行はやはりネットバンクがいいのでしょうか？

基本的にはネットバンクがお得ですね。ネットバンクは窓口手数料などコストを抑える代わりに、金利を高く設定しています。メガバンクと比べると、今でもかなりの金利差がありますから。（表⑬）

【表⑭】地銀のネット支店とキャンペーンの一例

銀行名	支店名	商品概要
愛媛銀行	四国八十八カ所支店	1年物：年0.40%
高知銀行	よさこいおきゃく支店	1年物：年0.25%
香川銀行	セルフうどん支店	1年物：年0.45%（100万円上限）

税引き前（2024年12月上旬時点）

ただ、もう一つチェックしてほしいのは、各銀行がこれから力を入れるであろう「**優遇金利キャンペーン**」です。特に1年物定期預金は銀行としても扱いやすいので、キャンペーン特別金利が設定されることが多いんです。

今まで全然チェックしていませんでしたが、金利がある世界では銀行の動向を詳しく見ないと損をしてしまうんですね。

ネットバンクだけでなく地方銀行にも注目してください。実は地銀の中には**金利を高めに設定したユニークな**「**ネット支店**」を構えている銀行があるんです。（表⑭）

すでにいろんな地銀が高めの特別金利を打ち出しているんですね。

なぜこんな試みをするのかというと、その多くが**相続税への対応**と言われています。地方在住の富裕層などに相続が発生すると、その子供たちは都市部に住んでいるケースが多く、都市部の銀行に口座を開設しています。

このため資金が地方から都市部へと流出してしまうのです。都市部への資金流出を防いだり、**新たな資金を県外などから呼び込むために、相対的に高めの金利を提供**しているのです。インターネット支店なら全国から資金を呼び込むことができますから。

銀行ごとの様々な思惑があるんですね。どちらにせよ、高金利で預金ができるならチャンス。これからどんな商品が出てくるか楽しみになってきました。ちなみに、普通預金はどこがお得なんでしょうか？

普通預金の場合、正直あまり気にする必要はないと思いますよ。というのも、**金利上昇時代にはどの銀行も横並びで普通預金の金利を上げてきます。**

したがって、そこまで大きな差は生まれないと思うので、ATMの引き出しや振込手数料、あるいは利便性などの使い勝手だったり、自分のライフスタイルに合わせた好みで選んでいいと思います。要するに、**「使う銀行」と「増やす銀行」は分けましょう**、ということですね。

じゃあ、特に焦って銀行を変える必要はないわけですね。

ちなみに、普通預金は定期預金よりも遅れて最後に金利が上がってきます。第2章で「長期金利が先に上がって、短期金利が後から上がる」と話しましたが、それと同じですね。

まずは契約期間の長い定期預金から上がりだして、最後に1年物や普通預金の金利が上がります。なので、**まずは定期預金の動向からチェック**しておけばいいでしょう。

株式編①

そもそも株式市場には下げ圧力がかかる

金利上昇時代は「リスクを抑える」という考え方は納得なのですが、それでも資産形成の主力は株式や投資信託になりますよね。僕も株式投資は続けるつもりです。

もちろんです。**定期預金などの金利収入はあくまで〝オプション〟**。資産を増やすには、自分が取れるリスクに合わせた投資を続ける必要があります。

とはいえ、金利上昇局面だと、株式投資って不利になるんでしょうか?

セオリーでいうと、株価は上がりづらくなります。なぜなら、**金利が上がると企業の資金調達コストも上がる**からです。なかには自己資本だけで経営できている企業もありますが、多くの企業は銀行から借り入れをして事業を営んでいます。当然、金利

が上がれば借入金に対して支払う利息も増える。その分、利益が圧迫されて業績が悪くなります。

また、投資家目線でいえば、預金や債券の金利が上がればリスクを取らなくても相応の金利収入を得られます。このため**金利が上昇すると株式市場に流入する資金が細る**とも言われているのです。

そうなれば当然、株式市場でも投資家から評価されづらくなりますね。

事業資金だけでなく、**お金を借りづらいと設備投資の動きも鈍ります**。本来、設備投資は新しい商品開発や研究のために行われるもの。その設備投資の動きが鈍くなると、企業は未来の〝成長ドライバー〟をなくすわけです。

やはり金利がある世界では株式投資は不利になるのか……。

株価は短期的には様々な投資需要を盛り込んで動きますが、大局的に言えば、**金利**

が上がると企業の成長性に疑問符がつくのがセオリーなんです。

アメリカがいい例ですね。アメリカはコロナ禍が明けてインフレが起きたので、2022年3月から政策金利を急激に引き上げた結果、22年のアメリカの株価はほぼ上がっていませんでした。23年も年半ばまで株価が揉み合っていましたが、明確に上昇に転じたのは政策金利がピークの5・50%をつけたあと。利下げが視野に入って長期金利が低下し始めてからです。

日本も2024年8月にはブラックマンデー超えの暴落がありましたしね……。

あのとき日経平均は4451円も下げましたが、日銀のサプライズ的な利上げにアメリカ経済の先行き不透明感が重なり、為替が円高／米ドル安に進んだことで円キャリートレードの巻き戻しがあり、大きな暴落になりました。

とはいえ、一度利上げをしたら株式市場自体がアウトになるわけではありません。**今後は株式市場も利上げに〝慣れ〟ていく**はずで、日経平均株価も段階的に上がっていくのではないかと。

それを聞いて少し安心しました。

株式編②

利上げに「強い銘柄」「弱い銘柄」を見極める

では、利上げによって下げ圧力がかかるという前提で、どんなスタンスで株式投資をすればいいんでしょうか？

まず、「押し目は買い」的な低金利局面と同じ投資スタンスでいると、ヤケドする可能性が高くなるので注意してください。仮に２０２４年8月のような**急落局面があったら「休むも相場」と割り切って、無理な投資は控えたい**ものです。

資産形成では「大きく負けないこと」が最も大切だからですよね。

その通り。ただ一方で、急落のような大幅な調整局面では優良株が思わぬ安値をつけるケースもあります。だから「**日頃から狙いをつけている銘柄**」**なら、勇気をもって購入**することも儲けを大きくするチャンスだと、頭の片隅に入れておいたほうがいいですね。

じゃあ、金利上昇局面ではどんな銘柄が有望ですか？

金利のある世界で得をするのは「お金を貸す人」で、損をするのは「借りている人」と話しましたよね。その構図は株式市場にも当てはまります。

そこで**見てほしいのは企業の財務**です。当然ながら、金利上昇がマイナスに働くのは「借り入れが多い企業」で、金利上昇がプラスになるのは「**利ザヤが改善する企業**」になります。企業の決算資料のほか、会社四季報などで**有利子負債が多い企業**は注意したほうがいいでしょう。

たとえば、ウォーレン・バフェット氏が投資した日本の総合商社株も有利子負債が多い企業群です。業績の好調は続いているようですが、金利の上昇が業績に悪影響を及ぼすかもしれません。

ほかにはどんな会社や業種だと、注意が必要ですか？

金利上昇がマイナスになる典型例は、ビジネスモデル的に**借り入れが多い不動産業**ですね。また、不動産業が厳しくなるのなら、建設業もその影響を受けやすい業種と言えます。特にマンション建設などに注力する民間からの受託が多い企業は、ひと際厳しくなるかと。

ただ、台湾の半導体企業ＴＳＭＣなどの日本進出がプラスに働く建設業もあるので銘柄選択はひと筋縄ではいかないですが……。あと、東証グロース市場に上場する**中小型株にも金利の上昇は逆風**になります。

そうなんですか？　中小型株は〝大化け〟する期待があるので、僕も買っているんですが……。

たしかに時価総額が小さい中小型株は、株価が10倍以上になる「テンバガー」候補がプライム市場より多いと考えられていますね。

ただ、値動きが激しいので銘柄選択に自信がある人以外は金利上昇局面では近づかないほうが賢明と言えます。中小型株は財務基盤が弱い銘柄が多いため、金利上昇の影響が業績にマイナスになる割合が高いとも言われているのです。株価上昇に圧力がかかる金利上昇局面では、投資対象は**プライム市場、スタンダード市場に上場する銘柄から選ぶべき**でしょう。

なるほど、「君子危うきに近寄らず」ですね……。

一方で、金利上昇がプラスになる業種の代表格は銀行、保険などの金融業界です。金利が上昇することで利ザヤが改善して収益増が見込めるからです。**安定を考慮すればメガバンク株、高配当を考えれば大手損保株などが候補**になります。

ただ、株式投資は企業の「成長を買う」、あるいは「変化を買う」と考えれば、**地**

方銀行も候補になるでしょう。地方銀行は一向に低PBR（株価が1株当たり純資産の何倍かを示す指標。1倍以下だと企業の資産価値よりも低いとされる）が改まらない企業の代表ですが、**株主還元を積極化**させているほか、**政策保有株の売却**に踏み込むと表明している銀行もあり、まさに今、企業として変化を遂げている最中です。

すみません、政策保有株って何でしょうか……？

政策保有株とは、企業が純粋な投資ではなく、取引先との関係維持や買収防衛などといった目的で保有している株式のことです。

特に銀行は「地方の名士」的な企業も多く、その地方の上場企業の大株主に名を連ねているケースが多々あります。有名どころでは京都銀行。同行は任天堂、村田製作所、ニデックなど京都に本社を置く企業の大株主です。

その政策保有株を持っていると、何か問題があるんですか？

はい。取引先の株なら現経営陣の方針に反対せずに**〝言いなり大株主〟になってしまう危険性**がありますよね。それではコーポレートガバナンスの観点から問題ですし、そもそも投資目的ではないのだから、資本効率上も問題があります。だから東京証券取引所からも「保有している合理的な説明ができない場合は、政策保有株を売却して資本効率を高めるように」と、指導が入っているのです。

その問題視されている政策保有株を売ることで、より投資家にとって有望な会社になるかもしれない、ということですか？

その通りです。政策保有株に関しては、トヨタなどの業界トップ企業が売却を表明し、金融業のなかでも損保各社が追随。さらに「動かないのではないか？」と言われていた地方銀行も一部が動きだしたかたちです。

２０２４年3月期決算では数行が政策保有株に言及していましたが、25年3月期決算ではさらに増加すると予想されるので、**政策保有株の処理等を表明した地銀は「狙い目」**と考えています。

地銀株、今からでも面白そうですね！

さらに地方銀行の一部には、「モノ言う株主」である外資のアクティビスト的な投資会社が大株主になっている銀行もあります。変革という観点でいえば、銀行株だけでなく、一般の事業会社でも**アクティビストが大株主に名を連ねている銘柄は注目**していいと思います。

会社四季報などで、各銘柄の大株主のリストにも目を通してみます！

その際には、財務内容の「自己資本比率」（総資本のうち純資産の占める割合）も見てください。**自己資本比率が低い企業は、金利上昇時代には要注意**です。自己資本比率が低いと業績が赤字になったときにカバーする体力がないとされ、信用力も低いので資金調達にも難儀するからです。逆に、金利上昇が業績にあまり響かないのは、自己資本比率が高く有利子負債が少ない企業になります。

やっぱり無借金企業のほうが金利上昇時代は強いんですかね？

たしかに、極論すると「有利子負債がゼロの企業が最もいい」となるかもしれませんね。ただ、設備投資などを積極的に行わないと成長がままならないケースもありますので、単純に「有利子負債がゼロだからいい」というわけではないのが難しいところですね。

やはり、銘柄の情報を細かく見る目が必要ですね……。

ひとつ有効な目線としては「**その業種（業態）は金利が上昇しても必要かどうか？**」**と考える**ことです。

たとえば、金利の上昇の有無にかかわらず風邪をひいたときやケガをしたときには医者に行きますよね？　つまり薬の需要は減りません。また、一日3食を2食に減らすこともないでしょう。通勤・通学も通常通りですから鉄道会社などの輸送量が変わることもない。

これら日常的に使う**インフラ業態の企業は「金利上昇にも強いディフェンシブな企業」**と言えます。ただ、電鉄株は有利子負債が多い業種なので、有利子負債にこだわると投資候補に入ってこなくなるので注意しましょう。

株式編③

金利上昇に強い「高配当株」を絞り込む方法

ここ数年は「高配当株」も人気ですが、そちらは利上げの影響はどうですか？

金利が上昇してくると債券などの利回りも上がってくるため、今まで配当狙いだった人の資金がそちらに流れることは起こると思います。だから「**高配当株ならで何でもいい」的な投資スタイルは、改めないといけない**でしょうね。

株式市場全体に下げ圧力がかかるなら、高配当株も例外じゃないのか……。

ただ、日本の**長期金利が2・0%を超えるような状況にならなければ、依然として高配当株投資は有効**だと思いますよ。その理由は、上場企業が株主への利益還元に積極的になったことです。そうした傾向は今後も続くと考えられます。

昔は上場企業が配当に消極的だったんですか？

言い方は悪いかもしれませんが、かつての配当金は本当に微々たるもので、「配当金狙いで株式投資をしている」と言おうものなら、周りからバカにされていたくらいでしたよ。

それは隔世の感がありますね……。今だとむしろ、配当に積極的になって株価上昇を狙う企業が多い印象なので。

ただ、高配当株と一括りにしても、**銘柄間で格差が出てくる**ことは間違いないでしょう。金利が上昇するほど、投資家の銘柄選択眼が問われることになります。反対に、銘柄選択眼に自信のない人なら**高配当株指数に連動したＥＴＦ（上場投資信託）などを利用**したほうがいいと思いますよ。

ＥＴＦもいいですが、できれば個別株の見極め方をもう少し詳しく……。

わかりました（笑）。まず、高配当株投資において大切なポイントは「**配当の安定性**」だと思われます。安定した配当を受け取りながらキャピタルゲインも期待する投資スタイルですから、銘柄選択眼に自信がある投資家以外なら、おのずと中小型株は対象から外すといいでしょう。

たとえば、時価総額3000億円超の大型株は400銘柄ほどで、全上場企業の10分の1ほどしかありません。**大型株は財務基盤が安定している企業が多いため、金利上昇の影響が軽微で済む**のです。

まずは大型株から選ぶ……（とメモを取る）。

そこに業績などの「フィルター」を通します。たとえば、割安度を考えるなら**日経平均株価のPER（株価収益率）はおおむね15倍**を挟んで±1～2倍の間で上下動を繰り返しつつ上昇しているため、**PERが13～14倍以下の銘柄**を選びます。

大型株のうち、PERが13～14倍以下の銘柄ですね。

さらに、**PBRが1倍割れの企業**がいいです。PBR1倍割れの大型株なら、東証が要請している「1倍割れ改善」のために株主還元や企業改革が期待できます。

配当利回りはどれくらいの銘柄がいいんですか？

日経平均株価構成銘柄の平均配当利回りは2・02％（2024年12月2日時点）なので、最低でもそれ以上の銘柄に絞っていくのがいいでしょう。

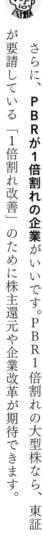

【表⑮】深野流「スクリーニング法」で選んだ銘柄

銘柄名（コード）	株価	PER ／ PBR	配当利回り
INPEX（1605）	1991.5 円	6.54 倍／ 0.60 倍	4.32%
日本製鉄（5401）	3060 円	9.45 倍／ 0.65 倍	5.23%
豊田合成（7282）	2480.5 円	8.52 倍／ 0.73 倍	4.23%
三井住友トラストグループ（8309）	3800 円	11.39 倍／ 0.77 倍	3.82%
商船三井（9104）	5153 円	5.34 倍／ 0.70 倍	5.82%

株価など数値は 2024 年 12 月 2 日時点

ただ配当利回り2・02%はやや低すぎるので、今後の金利上昇を見込めば、思いきって「**配当利回り3・5%以上**」に引き上げてもいいと思います。こうしたスクリーニングを行えば、安定した高配当株に近づけると思います。もちろん、スクリーニングに「**増益**」**という業績**を加味することを忘れてはなりません。

なるほど……。早速、この絞り込み方法で銘柄を探してみたのですが、【表⑮】のような感じでピックアップできました！

また、こうしたスクリーニングが面倒であれば、実際に私も注目して見ている「**日経連続増配株指数**」**や**「**日経累進高配当株指数**」を構成

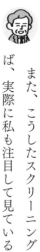

している銘柄から選択する手もありますよ。

それを早く言ってください！（笑）

まあ、これまでは高配当株がもてはやされてきたけど、「本当にいいのかな？」と疑う視点を備えることが、金利のある世界では大事になりますからね。

債券編①

債券投資で運用リターンを〝下支え〟する

金利上昇局面での株式投資のセオリーがよくわかりました。ただ、深野さんはそのうえで「投資先を債券にも向けたほうがいい」とアドバイスしてくれましたよね。

はい。「お金を貸す側に立つ」という視点に立ったとき、債券はとても有効な投資

方法です。なぜなら**インカムゲインという「守り」と、キャピタルゲインという「攻め」を同時に狙える投資方法**だからです。

恥ずかしながら、債券投資をまったくしてこなかったので、基本から教えてもらえますか……？

もちろんいいですよ。まず、債券は細かく分けるとかなりの種類があるのですが、オーソドックスな投資先としては①「**国債**」、②「**社債**」、③「**外国債**」といったところですね。（表⑯）

社債にも個人向けがあるんですね。機関投資家向けばかりだと思っていました。

【表⑯】オーソドックスな投資先債券

種　類	発行体	買える場所
国　債	日本国政府	大手証券会社／ネット証券／銀行／郵便局
社　債	企　業	大手証券会社／ネット証券
外国債	外国政府	大手証券会社／ネット証券／一部の銀行

それぞれ違いはありますが、**債券とはいわば「借用書」**のようなものです。国や企業に対して「○○円を利子○%で○年間貸します」という証明書ですね。

貸し付けなので元本（額面全額）は保証されますし、保有中には半年や1年ごとに**「クーポン」という名の利息**を得ることができます。なので、債券の利率は「クーポンレート」とも呼ばれます。

それがインカムゲインになるわけですね。

また、債券には大きく分けて新規発行される「新発債」と、過去に発行されて市場で流通される「既発債」という2種類があります。どちらも個人向けの売り出しがありますが、新発債は発行時期が決まっているので、タイミングが合わないと買えないのがネックです。

一方、市場に出回っている**既発債は証券会社などに〝在庫〟があればいつでも買えるので**、初心者はこちらを買うほうがオススメですね。

ちなみに、そもそも社債を買ったことがないのですが……どこで買えばいいんでしょうか?

国債も社債も、大半のネット証券で普通に購入できますよ。新発債であれば銀行が扱うケースもあります。

ただ、株式などと違うのは、**証券会社に在庫がなければ買えない**ということです。人気の債券ほど基本的に取り合いになることを覚えておいたほうがいいですね。株式の新規上場(IPO)と同じように、大手証券会社のほうが在庫を持っている傾向があるので、**目当ての社債があったら「在庫はありますか?」と証券会社に問い合わせてみる**といいですよ。

なんか、結構アナログなんですね(笑)。

実際、新発債を買いたい場合は**証券会社の営業担当者と仲良くしておくことも大切**だったりします。営業さんに「期間5年間で利回り1%以上の社債が出たら教えて」

と伝えておくと、いざというときに教えてくれたりするんですよ。

今までネット証券ばかり使ってきましたが、お得な社債を手に入れようと思ったら、営業さんとの付き合いも考えたほうがいいのか。そもそも、債券っていくらくらいで買うのが普通なんですか？

例えば、最もポピュラーな日本の「**個人向け国債**」の場合、1万円から買えますね。個人向け国債には「固定・3年」「固定・5年」「変動・10年」という3タイプがありまして、固定は文字通り契約期間内の利率（クーポンレート）が変わらない商品です。一方、変動・10年は半年ごとに利率が見直されます。

となると、**金利上昇が濃厚なら「変動」のほうがいい**わけですか？

その通り。ちなみに、10年国債の現在（2024年12月2日時点）の利回りは1・075％ほどです。

う〜ん、100万円を預けても年に1万円ほどしか貰えないなら、正直あまり魅力的な投資商品じゃない気がするのですが……。

そう思うのも無理はないですよね（笑）。ただ、これでも利率は上がっているのですよ。**財務省のホームページには1974年からの毎日の金利推移が載っている**のですが、それを見ると、2021年の年末頃までは金利0・1％以下で推移していたんですから。

いや、それってもう「**誰が買うんだ!?**」**状態**じゃないですか。

だから低金利時代は本当に不人気だったんです。しかし、利上げの流れによって〝潮目〟が変わると思います。ひとつベンチマークとしているのは、10年物国債の金利が1％を超えるときですね。金利1％と聞くとそこまで高くないと思いがちですが、この水準は**日本では12年ぶり**です。1％を超えてくると、「**元本保証の定期預金などに目がない人たち**」**が集まってくる**可能性が高いと思います。

例えば高齢者とかですか？

そうです。日本における個人の金融資産は60代以上が大半を保有しています。その資産運用先が株式から債券に移り始めるでしょう。日本国債の利回りが今後どれくらい上がるかは未知数ですが……、もし**2%台になれば資金の〝大移動〟が起きてもおかしくはない**と思います。

今はまさに、過渡期なんですね。

そこまで待たずとも、ポートフォリオに債券を組み込むのに選ぶべき商品はほかにありますよ。例えば米国債です。ＦＲＢの利下げにより多少利率が落ちていますが、足元（２０２４年12月２日時点）でも償還期限10年で４・10％前後という高い水準です。

また、円建ての**「個人向け社債」の中にも利率３％超の商品**があります。１００万円分を買ったら、何もせずとも年間約３万円（税引き後２万４０００円程度）を得られて、元本も減りません。

たしかに。年5%の資産運用を目指すにしても、債券で3%のリターンがあればかなりの〝下支え〟になりますよね。

その考え方が大切なんです。これまで株式や投資信託などリスク資産への投資が10割だったのを7~8割に減らし、2~3割は債券に投資すればいいのです。運用資金が多い人なら5対5でもよくなります。

こういった投資商品をポートフォリオに組み込むことによって、**リスクを抑えつつリターンが期待できる**ようになります。

債券投資、少し興味が湧いてきました……!

債券編②

債券投資は「金利の天井買い」を狙うゲーム

実際に債券投資をするときはどんなふうに買うのがいいんですか？

債券に投資する際のポイントは、定期預金の考え方と同じです。いかに「金利が高い時期」に「期間を固定するか」です。すると、まさに「果報は寝て待て」状態になれます。

たとえば、今後金利が上がって**金利5%という商品**が出てきたとしましょう。それを**10年間固定できれば、償還時には投資金額の1・5倍程度のリターン**が見込める計算になります。さらに、償還期限前に売却すれば投資金額の2倍程度のリターンを低リスクで見込める可能性もある。

5%の金利でうまくいけば2倍……。それを安定的に得られるなんて聞いたことないですね。

それが債券投資のよさです。株式投資の場合には「(株価が) 安いときに買って、高

いときに売る」が鉄則です。

一方、金利の推移を見て投資する債券投資の場合には、**「(金利が)低いときには様子見」で、「(金利が)高いときに買って、資産を長期間ロックする」**という原則になってきます。

株式投資とは真逆の発想ですね。

単純に言えば、債券投資は「金利の天井を狙うゲーム」です。そのためには、いざというときにまとまった資金があったほうがいい。定期預金と同じように、**金利がピークをつけるまでは短期間の債券を買って〝つなぐ〟**という発想が有効です。

購入する際にも、まずは資金余力が１００だとしたら、いったんは30％分を買ってみて、数か月から1年後にまた金利を確認して追加で買うかどうかを決めるようなスタンスがいいでしょう。株式投資でいう「打診買い」のようなものですね。

反対に、金利が低いときに償還期間の長い債券を買ってしまうと、ずっと低金利で

我慢するしかなくなってしまうわけですね。

これまで日本の債券市場がほぼ見向きされなかったのは、10年単位で利回りが低い状況が確定してしまうことが問題でした。ただ、昨今の**個人向け国債は発行が1兆円を超えています**。これも、「金利のある世界」が戻ってきたからこその活況です。

ちなみに、基本的には利率の高い債券を選べばいいんですか？

はい、**債券投資では基本的に「利率」で考えればＯＫ**です。ただ、市場で売買される債券には「買付価格」や「参考価格」といったかたちで株価のように値がつけられ、その価格は日々値動きしています。

基本的には「金利が上がれば債券価格が下がる」「金利が下がれば債券価格が上がる」という**〝シーソー〟のような関係**になりますね。

じゃあ、今後は利上げが進めば債券価格は下がっていくわけですか？

その通り。だから今買った債券を将来的に途中売却しようとすると、金利上昇によって「買ったときよりも値下がりしている」というリスクがありますね。

ただ、これはあくまで償還を待たずに途中売却した際の話です。償還まで待てば元本（額面全額）は保証されます。なので、債券はあくまで**キャピタルゲイン（売却益）ではなく、インカムゲイン（利息収入）を得る投資だと割り切ったほうがいい**と思います。キャピタルゲインは〝おまけ〟みたいなものだと考えておくべきでしょう。

今のタイミングからしても、それが無難そうですね。

とはいえ、単純に「利回りが高ければいい」というわけではありません。利回りの高さは、すなわちリスクの高さでもあります。

なので、債券の「**格付け**」**も意識**しましょう。債券にはそれぞれ、格付け機関によって「投資に適しているか」「不適格か」という格付けがされています。

格付け機関って、ムーディーズやスタンダード＆プアーズ（S&P）、フィッチ・レーティングなどですよね。投資をしていると聞くことがあります。

基本的には格付けが低い債券ほど「ハイリスク」とされて、利回りが高くなります。**債券投資の最大のリスクは発行元の深刻な経営不振や破綻**です。借用書である債券は、その瞬間、ただの「紙くず」になります。

そういえば、青山学院大学駅伝部の原監督が「買っていた債券が紙くずになった」ってニュースがありましたね。

あればスイスの金融大手クレディ・スイスが発行していた「ＡＴ１債」と呼ばれる複雑な仕組みの社債ですね。クレディ・スイスが深刻な経営不振に陥り、スイス政府が、発行済みのＡＴ１債約１６０億スイスフラン分（当時のレートで約2兆３０００億円）の価値を「ゼロにする」と発表したんです。

その瞬間、**一気に無価値に……。**なんて恐ろしい。

「自分がよくわからないものに投資してはいけない」という、いい例ですね。

一方で、本当のお金持ちは債券の中身をよく吟味したうえで、**虎視眈々と「金利が高い状況」を狙っています。**例えば2011年に欧州で金融危機が起きた際には、イタリア国債やスペイン国債には6～7％を超えるような高い金利がついたときがありました。その時、私の知人の経営者がとった行動がまさにそれでした。当時は金融危機の深刻度から、「もしイタリアがデフォルト（債務不履行）したら、EUから離脱して通貨をユーロからリラに戻すかもしれない」という予測すらされていました。イタリア国債はユーロ建てなので、もしその状況が訪れたら紙くずになります。

しかし、私の知人は様々な情報を収集したうえで「イタリアのEU離脱はない」と判断し、**巨額のイタリア国債を購入**したのです。結局はEUからの離脱もなく、彼は高金利で資産を固定でき、その後は金利収入だけでかなりの額を稼ぎました。

〝攻め時〟を見極める目があれば、みごとに金利の天井を押さえられるんですね……。

僕にそんな巨額資金はありませんが、考え方は参考にしたい！

債券編③

ソフトバンク7年社債「3・15%」は、買いか？

では、日本の社債でも同じようなリスクがあるのでしょうか？

もちろん、ないとは言えません。社債が満期を迎える前に企業が倒産してしまった場合には投資した金額は戻ってきません。

日本の社債でもあり得る話なんですね。

ただ、社債（債券）は格付けで厳格に発行が制限されています。法律上、格付けが「C」以上でないと発行ができず、「BB（ダブルビー）」以下の場合には、元本や利子の

支払いが滞りデフォルトの可能性が高いと見なされます。

なので、そもそも「ＢＢＢ（トリプルビー）」以上でないと「投資適格」とは見なされません。このため**日本では新規に発行される社債は「ＢＢＢ」以上**になっています。投資家保護のために「ＢＢＢ」以上にしか投資できない年金基金もあるくらいです。ちなみに米国では「ＢＢ」以下でも新規発行は可能になっています。

なるほど。社債の発行時点でそもそもふるいにかけられているのですね。

実際に、これまでに日本で発行された社債で、**期間中に償還できなかった例はごく少数**です。商業施設を運営していたサティや「靴のチヨダ」のチヨダ、スーパーのヤオハンのほか、数社あったくらいでしょうか。それらは満期までの利回りが３〜５年で３・０〜５・０％くらい、なかには二桁をうかがうような高利回りでかなりいい条件だったと記憶しています。
ただ、大多数は１９９０年代のバブル崩壊後の話です。通常の社債であれば、リスクは株式よりもかなり低いと考えて問題ないでしょう。

これまで〝紙くず〟になった例がほぼないなら、ちょっと投資しようという気分にもなりますね。

実際に、2011年の東日本大震災や20年のコロナ・ショックでも、社債を発行しつぶれて問題になった企業はありません。今発行されている社債で、投資をしたらダメになるBB以下の格付けの「ジャンク債」と言われるものはないと考えていいでしょう。その意味では**日本の社債は、米国の社債と比較するとそれなりに安定している**と思います。

では、実際に日本の社債に投資するなら、どのあたりが有望なのですか？

例えば、昨近では2024年12月に発行されたソフトバンク社債は「期間7年」、「利率3・15％」で発行されていました。この**ソフトバンク社債も新発債は短期間で売り切れ**となっており、人気の高さがうかがえますね。

年3・15％は相当高く感じますね！

ソフトバンクの普通社債の場合、格付けは「A」ですし、投資対象としての条件は満たしています。ただ、頻繁に社債を発行している楽天やソフトバンクなどは、**キャッシュフローの悪化が気になる**ところではあります。

特に経営不振が度々報じられている楽天は、格付けが「BB」で機関投資家の間などでは危険視されている面は否定できません。ビジネス環境が変われば、大企業でも一気に赤字になる可能性はありますし、そこはやはり**個々人の判断で投資をするしかない**ですね。

投資である以上、株式でも債券でもそこは同じですね。ちなみに、社債の利率って、金利上昇局面だと全体的に上がっていくものなのですか？

発行体である企業の状態にもよりますが、基本的には上がっていくと考えていいで

しょう。なぜなら、国債の利率が上がっていくからです。例えば、10年国債が利率2％のときに同じ利率2％で社債を発行したら、どちらを買いたくなりますか？

ええと、さすがに日本という国のほうがつぶれる心配はないと思うので、国債を買いますね。

当然そうなりますよね。だから平時であったとしても**社債のほうが国債より信用力が低いぶん、利率は国債に比べ高くなっている**のです。10年国債の金利が上がれば、市場原理でおのずと社債の金利も上がっていきます。

債券の場合、基本的には信用力が低いほど利率が高くなります。金融用語で「劣後する」という状態です。**信用リスクが低いために、金利を上乗せしてお金を集めなければいけない**というわけです。

なるほど。利回りがいいのにはワケがあるんですね。ちなみに、社債を買うときのコツってほかに何かありますか？

社債の場合は「**残存期間**」**（償還までの期間）もチェック**が必要です。残存期間が長いほど利率は高くなりますが、そのぶん、将来リスクも高まるということです。

それに、期間中は資金がロックされてしまうってことですよね？

その通り。国債でも社債でも、債券投資では基本的に金利のピーク圏で「利回りが高いものを長期間で固定」できるのがベストです。

なので、**金利上昇局面ではより魅力的な商品が今後出てくる可能性もある**ので、残存期間が7年を超えるような長期の国債や社債を買うのは、まだ控えたほうがいいと思いますね。

ちなみに２０２４年現在で個人的にオススメなのは、**米国債**です。米国の金利はピーク圏に達して徐々に低下傾向にありますが、それでも米国の長期金利は４％程度。**単純計算では10年間で40％（税引き後約36％）の収益**ですから、依然として投資妙味の高い商品だと言えるでしょう。

バフェット氏も米国債を買っているという話ですからね。

そうです。基本的に「債券の利率（長期金利）が上がれば、株価は下がる」と言われています。なぜなら米国株式で４～５％の運用益を得ようと思うなら、**金利が上昇した今は米国債を買ったほうが安心・安全にリターンを得られる**からです。

特に年金機構など巨額資金を運用する機関投資家は、安定運用を心がけます。金利が上がるとそういった**巨額資金が株式市場から債券市場へと流れていく**ので、相対的に株価が下がるというメカニズムが生じるのです。

ちなみに、米国債にもいろんな種類がありますが、どれを買うべきなんでしょうか？

まずは米国債の基礎知識から解説しましょうか。米国債には定期的に利息が支払われる「**利付債**」と、利子の支払いがないかわりに額面金額より割引されたディスカウント価格で購入できる「**ゼロクーポン債（割引債）**」があります。

また、新規発行の新発債と、過去に発行されて市場に出回っている既発債があるのは、米国債も同じです。米国債はネット証券から店舗を構える旧来の証券会社まで広く取り扱っていますが、**通常は既発債を購入するのが一般的**ですね。

ゼロクーポン債って、聞き覚えのない商品なのですが、利付債よりもオススメなんですか？

それは投資スタンスによりますね。利付債とゼロクーポン債の違いは、保有期間中に利子を受け取れるか否かです。

なので、仕事を完全にリタイアして「**定期的な金利収入を得て生活費にしたい」という人は利付債**を買うのがいいでしょう。

一方、現役世代の人で「**何か将来の目的のためにお金を貯めたい」という人は、ゼロクーポン債**がいいと思います。

将来の目的というと、例えば僕の場合は子供の教育資金とかでしょうか？

そうです。その場合、子供の進学時期に合わせてゼロクーポン債を購入するという投資スタンスが有効だと思います。たとえば子供が0歳なら、高校に進学する約15年後や、大学進学に合わせるなら**約18年後に満期になるゼロクーポン債を購入して、あとは満期までほっておけばいい**のです。

そんな長期間、放置しているだけでいいんですか……？

はい。なぜなら、ゼロクーポン債は「小さく買って、大きく受け取る」タイプの商

品だからです。ゼロクーポン債は購入時にはディスカウント価格で買えますが、満期になると額面金額で戻ってきます。その**購入金額と額面金額の差が「利益」**です。

安く買っておいて、将来、お金が必要になるときまで寝かせておけばいいわけですね！　ちなみに、米国債っていくらから買えるんですか？

証券会社によって異なりますが、通常、米国債は利付債、ゼロクーポン債ともに額面価格が１００ドル単位ですね。ただ、実際に買う価格は額面に対して「87・12％」や「95・55％」などと表示されています。額面が１００ドルなら、87ドル12セントや95ドル55セントで買えるというわけです。

この金額に対して1ドル＝１５０円などの証券会社が提示する為替レートを掛けたものが、日本円での購入金額になります。一方、**ゼロクーポン債は最低購入金額が1000ドル**ですね。

ではぶっちゃけ、どれくらいの利益が出るイメージなんでしょうか？

例えば、「期間15年」のゼロクーポン債を「購入単価51・08」で6000ドル分を購入したとしましょう。為替レートは1ドル150円とします。

その場合、6000ドル×51・08%×150円で、**約46万円が購入金額**になります。それを15年間保有すれば、同じ為替レートなら**償還時に90万円（税引き前）を受け取れる**ことになります。もちろん為替の状況次第で結果は大きく変わるので、その詳しい解説は次のブロックでお伝えします。

ほっておくだけで、ほぼ倍になるのか……。証券会社のサイトを見ると、満期までの期間も1～30年とか、種類も豊富ですね。

残存期間が長いほど利回りがいい（＝リスクが高い）のは、ほかの債券と同じですね。また、証券会社の債券コーナーを覗くと「ストリップス債」というものを見かけますが、これもゼロクーポン債の一種と考えて問題ありません。（次ページ図⑰）

ゼロクーポン債の場合、**償還日までの年限が長いほうが割引率も高い**傾向があるの

【図⑰】ネット証券で買えるゼロクーポン債の例

取引	通貨	債券種別 銘柄名 発行株	利率（税引前・年率）	買付単位	償還日 残存期間	買付単価 参考利回り （税引前・年率）	格付け
購入	USD	国債 米国国債 米ドル建 ストリップス債券 2048/5/15 米国国債（割引債）		100USD以上 100USD単位	2048/5/15 **約23年7ヶ月**	35.5900% 4.4300%	**Aaa (Moody's) AA+ (S&P)**
購入	USD	国債 米国国債 米ドル建 ストリップス債券 2048/2/15 米国国債（割引債）		100USD以上 100USD単位	2048/2/15 **約23年4ヶ月**	36.0300% 4.4300%	**Aaa (Moody's) AA+ (S&P)**
購入	USD	国債 米国国債 米ドル建 ストリップス債券 2047/8/15 米国国債（割引債）		100USD以上 100USD単位	2047/8/15 **約22年10ヶ月**	36.7700% 4.4300%	**Aaa (Moody's) AA+ (S&P)**
購入	USD	国債 米国国債 米ドル建 ストリップス債券 2049/5/15 米国国債（割引債）		100USD以上 100USD単位	2049/5/15 **約24年7ヶ月**	34.2100% 4.4100%	**Aaa (Moody's) AA+ (S&P)**
購入	USD	国債 米国国債 米ドル建 ストリップス債券 2046/2/15 米国国債（割引債）		100USD以上 100USD単位	2046/2/15 **約21年4ヶ月**	39.4500% 4.4100%	**Aaa (Moody's) AA+ (S&P)**

楽天証券 HPより（2024 年 10 月 28 日時点）

で、遠い将来への備えに向いていますよ。

銀行預金で眠っている「使う予定がないお金」があるなら、ゼロクーポン債に換えておいたほうがお得ですね。

また、この方法は**定年後の収入減対策にも有効**です。現在は多くの人が65歳まで働けるようになりましたが、60歳以降に再雇用されると収入が大幅に減るケースが多いようです。こうした収入減を補うために、60歳、61歳、62歳、63歳、64歳……と、**65歳までの1年ごとに満期が来るゼロクーポン債を、事前に購入**しておきます。

例えば現在40歳の人なら、満期まで20年のゼロクーポン債を買う、41歳で同じ期限のゼロクーポン債、42歳も同様に……と、年を重ねるごとにボーナスなどで購入しておけばいいのです。それによって、**60歳以降の収入減に備えられる**はずです。

定年はまだまだ先ですが、将来の備えとして覚えておきます。ただ、僕の場合まずは教育費かな……。

子供の教育費は使う時期（＝進学時期）が決まっているため、**確実に貯めることができる金融商品で準備する**のが基本になります。償還期限が15～18年であれば額面金額に対して支払う額の割合は50％程度になるはずです。

ただ、米国債の場合、為替レートが大幅に円高になると、為替差損で収益がほとんど出なかったり、投資金額を下回って元本割れになることもないとは言い切れません。なので、教育費のベースは預貯金や学資保険などで作り、〝上乗せ部分〟としてゼロクーポン債を利用するのがいいですね。

債券編⑤

どれだけ円高になると米国債は「損」になる？

でも、米国債の場合には**為替の影響**がありますよね？　日本が利上げしていく一方でアメリカは景気後退懸念から利下げをしたので、今後は円高／米ドル安に進みやす

いと思うんですけど。そうなると為替リスクをどう考えればいいんでしょうか？

極端に考えれば、**1ドル80円台になるような強烈な円高にならない限りは、〝勝ち〟**になります。ただ、せっかくなので今回は詳細なシミュレーションをしてみましょう。

ぜひお願いします！

たとえば、償還期限が15年後のゼロクーポン債を額面金額の52％で1000ドル分購入したとしましょう。**購入時の為替レートを1ドル＝150円**とすれば、1000ドル×52％＝520ドルが購入金額です。日本円にすると、520ドル×150円＝7万8000円です。この場合、額面金額の52％で購入できたことになるので、円高に48％進むと収益は±0円になります。

ええと……、購入時の150円から48％の円高になるということは……1**ドル78円になったらプラマイゼロ**ということですね。

検算すると満期時の額面金額１０００ドル×78円＝７万８０００円と購入金額と同じになりましたね。つまり、この場合の損益分岐点は１ドル＝78円になるわけですから、**15年後に為替レートが78円超であれば利益を得られるし、78円未満なら損失を被る**ことになります。

今の為替レートからすれば、あまり現実味のない数値ですね。

損益分岐点を計算したら、後はおもいおもいの金額で予測すればＯＫです。例えば、１ドル＝１００円なら、満期時には10万円だから２万２０００円の利益、１１０円なら11万円だから３万２０００円の利益……といった具合ですね。

反対に、今よりも**円安に進めばさらに利益が得られる**わけですね。

また、損益分岐点は78円ですが、仮に満期時に78円を超える円高になっていたとし

ても、無理に米ドルを円に戻す必要はありません。為替差益または為替差損は、満期時や売却時の米ドルを円に戻すから実現するのであって、**米ドルのままであれば為替差益・損益は「絵に描いた餅」にすぎない**のです。

万が一、円高で元本割れするようなら、再び米国債を購入（再投資）して円安を待つという戦略も立てられそうです。

その通り。再投資した場合、さらに利子がプラスされて満期時の米ドルは増えていることになるので、為替レートが78円であってもプラスの収益、損益分岐点はさらに円高水準まで低下していると思いますよ。

ゼロクーポン債ではなく**利付債を買った場合**も、為替に対して同じような考え方でいいんでしょうか？

基本的には同じですが、利付債で注意したいのが、**購入価格が必ずしも額面金額で**

はないということです。米国債を含めて、債券の価格は金利が上昇すれば価格は下落し、金利が低下すれば債券の価格は上昇します。

このため、利率４・０％の米国利付国債を満期までの期間10年、額面１０００ドル購入する場合、購入金額は額面を下回る９９０ドル（価格の99％）というケースもあるし、額面金額を上回る１０２０ドル（価格の１０２％）ということもあり得ます。

満期には額面金額の１０００ドルが戻るので、その2つのケースだと、９９０ドルで購入なら差額の10ドルが利益になって、１０２０ドルで購入なら20ドルが損失になるわけですか？

その通り。利子収入１０００ドル×４・０％×10年＝４００ドルを９９０ドルで購入した場合は、償還差益10ドルをプラスして総収益は４１０ドル、反対に１０２０ドルで購入した場合は償還差損の20ドルを差し引いた３８０ドルが収益になります。

その際に、**購入時の為替レートを１５０円**とすれば、購入金額９９０ドルのときは９９０ドル×１５０円＝14万８５００円、購入金額１０２０ドルのときは

１０２０ドル×１５０円＝15万３０００円になります。

ここからは少し細かい計算になりますが、それぞれの損益分岐点を計算すると、**９９０ドルで購入した場合**の総元利合計額は額面金額１０００ドル＋総利息４００ドル＋償還差益10ドル＝１４１０ドルになります。

この米ドルベースの元利合計額が14万８５００円を下回らなければいいのですから、14万８５００円÷１４１０ドル＝**１０５円32銭が損益分岐点**ですね。

１０２０ドルで購入した場合は、同じように計算すると総元利合計額は１３８０ドルになります。円ベースの購入金額は15万３０００円なので、１３８０ドルで割ると、**損益分岐点は１１０円87銭**になります。

損益分岐点が計算できたら、後はゼロクーポン債のケースと同じように任意の為替レートで計算して収益などを試算してみてください。利付の米国債でも満期時に想定以上に円高が進めば元本割れとなりますが、円に戻す必要がなければ償還金のドルでゼロクーポン債と同様に再投資すればいいのです。

どちらにせよ、**かなり円高に進まない限り利益は出る**んですね。

試算では定期的に支払われる利子の為替レートを一定としましたが、実際は支払いのつど為替レートは異なってきますので、損益分岐点の計算はかなり複雑になります。また、試算では円を米ドルに替える、反対に米ドルを円に戻す際の為替手数料は考慮していません。なお、証券会社によってはホームページ上で米国債の損益分岐点などを試算できるサービスを設けていますよ。

ちなみに、今後アメリカがもっと利下げしていけば米国債の価格は上がっていくんでしょうか？　そうなれば、今のうちに買っておけば、**途中で売って売却益（キャピタルゲイン）で儲ける**こともできる気がするのですが……。

相対的に高金利局面で購入した米国債を満期償還時まで保有すれば、毎年4％程度の収益を得ることができる一方、**購入後に金利が低下すればキャピタルゲインを得ることもできますね**。なので、満期まで持つか、満期前に売却するか悩ましいところです……。これは、個々人の投資目的にもよりますね。

たとえば、子供の進学時期や60歳以降の老後資金に充当するつもりで購入したゼロクーポンの米国債なら、満期償還時まで保有したほうがいいでしょう。

一方、定期的に利子収入を得るために購入した利付きの米国債については、**満足がいく売却益が得られるなら売却してもいい**と思われます。

その時々の状況によっては、売却も有効になるのか……。

ただ、売却で**注意したいのが、売却益の再投資先**です。売却益が得られるということは、すでに金利が低下しているはず。よって、売却益で引き続き高金利の預金や債券に乗り替えることはできない状況になっているでしょう。

売却した資金の再投資先をしっかり考えたうえで売却しないと、売却後に「いい再投資先がない」と後悔することになります。

さらに、金利がすでに低下している状況なのだから、一般論でいえば経済状況も不景気か後退局面にあると思われます。株価も低迷している可能性が高いので、次の景気回復を期待して乗り替え先は株式や投資信託になるでしょう。

最後に覚えておきたいのが、課税関係です。**個人向け国債や米国債の場合、課税関係は上場株式等と同じ**になります。正確には「特定公社債」に該当する債券になりまして、私たち個人投資家が購入する債券はそのほとんどが該当します。

なので、**上場株式等と損益通算ができます。**たとえば、米国債の利子と株式の売却損、米国債の売却益と投資信託の売却損とか……。これは覚えておいて損はないと思いますよ。

あまり考えたくないですが、ほかの投資先で損失が出ているときはぜひ活用したいですね。

新NISAは「急落に動じない商品」を選ぶ

そういえば、こういった「利上げ仕様」のポートフォリオにしたときに、新

ＮＩＳＡはどう活用すればいいですか？

新ＮＩＳＡやｉＤｅＣｏはなんといっても非課税という制度ですから。**金利上昇が起きても、投資を継続する限り使わない**手はないですよ。ただ、新ＮＩＳＡの投資先では、株式投資をほどほどに抑え、債券投資も組み込むのがいいと思います。

やはり非課税制度を使わない手はないですね。

金利上昇時代でも、新ＮＩＳＡの活用の基本である「**長期・積立・分散**」は変わりません。

なぜなら、これまで述べてきたように、金利が底をつけて上昇しピーク圏に達するまでは長くて2年前後。ピーク圏に達した後、金利が低下し始めるときまで期間を延ばしても2年半から3年くらいだからです。その期間中には株価が上がりにくくなったり、調整を余儀なくされる可能性もあるので、振幅の大きさに動じないようにメンタル面を鍛えておく必要があると思います。

そのため、投資に慣れていない人であれば１００％株式で運用される投資信託の割合は少し抑えたほうがいいでしょう。新ＮＩＳＡの「**つみたて投資枠**」で購入する商品には、**債券も組み入れているバランス型の投資信託を選ぶのがいい**かと。たとえば次のような商品です。

【新ＮＩＳＡ「つみたて投資枠」推奨商品】

- ☑ **「セゾン・グローバルバランスファンド」**（セゾン投信）
- ☑ **「世界経済インデックスファンド（標準タイプ）」**（三井住友トラスト・アセット）
- ☑ **「ＤＣニッセイワールドセレクトファンド（株式重視型）」**（ニッセイアセット）

リスクを取ることができて投資に慣れている人で株価の変動に動じないのであれば「オルカン」や「Ｓ＆Ｐ５００」を今までと同じように粛々と積み立てていくのも一つの考え方です。

ただ、Ｓ＆Ｐ５００は米国株だけが投資対象であるから、地域分散を考慮するなら

「MSCIコクサイ」連動のインデックスファンドのほうが無難でしょうね。

また、投資に慣れている人は短期間でつみたて投資枠を全額埋める傾向にあるようですが、1年間かけて投資枠を埋めるようなスタンスに改めたほうがいいと思います。

そもそも新NISAは短期で結果を求める制度ではなく、時間をかけて資産を形成する制度です。つみたて投資枠の活用では、積み立てをスタートしたら「果報は寝て待て」のスタンスで一喜一憂することなく、**投資していることを忘れてしまうくらいほっておいてもいい**でしょう。急落などがあったら動揺するので情報を遮断してもいいかもしれませんね。

僕は急落で慌てて売ってしまう〝豆腐メンタル〟なので、そのほうがよさそうです（笑）。では、「**成長投資枠**」はどうですか？

成長投資枠は投資信託のほか株式なども購入できますが、銘柄選択眼に自信がある人でないと儲けるのは難しいかもしれません。銘柄選択眼に自信がないのなら、**指数連動のETF（上場投資信託）がいい**と思われます。

昨今は株主還元を積極化する企業が増えているので、高配当株価指数に連動するＥＴＦを複数回に分けて購入しましょう。たとえば次のようなものです。

【新ＮＩＳＡ「成長投資枠」推奨商品】

- ☑ **ＮＥＸＴ ＦＵＮＤＳ日経平均高配当株50指数連動型上場投信**
- ☑ **ＮＥＸＴ ＦＵＮＤＳ野村日本株高配当70連動型上場投信**
- ☑ **グローバルＸ ＭＳＣＩ スーパーディビィデンド-日本株式ＥＴＦ**

ただ、実際のところ……新ＮＩＳＡの「成長投資枠」で投資可能な商品群には、**金利上昇の〝波〟に乗れるものがほぼありません。**新ＮＩＳＡを考慮しなければ、日本にもかつて変動利付国債を投資対象とする債券型投資信託があったのですが、すでに償還済みとなっています。

一方、米国の債券型投信やバンクローン（銀行が企業に行った融資の債券を投資家に売る商品）を投資対象とするものには、金利上昇の波に乗れる投資信託があるにはあります。ただ、そもそも米国はすでに金利上昇局面ではなく金利低下局面に入っています。そのため、**新ＮＩＳＡの対象で「日本の金利上昇局面に対応できる商品はない」**と言えるのです。

それは残念ですね……。でも金融機関も債券市場に前のめりになっているわけですし、今後の商品開発に期待したい！

これもバブル期以降に超低金利時代が続いた影響でしょうね。ただ、バブル期には金利上昇に乗れる金融商品がありましたし、今後は**金利上昇に連動するような金融商品が出てくると狙い目**にはなりますね。

とはいえ現時点では新ＮＩＳＡで国債や社債などの債券は対象外です。なので自分でコントロールするしかありません。今のところは新ＮＩＳＡ以外のポートフォリオに債券を多少組み入れるだけでも、十分な〝保険〟になるでしょう。

また、新ＮＩＳＡにこだわるなら、**債券だけで運用される「債券型投資信託」**を成長投資枠で保有するのもいいでしょう。とにかく、今までの超低金利時代のような〝アクセル全開〟の株式投資はやめるべきですね。

資産を「売る練習」をしておこう

ほかに新ＮＩＳＡなどで気をつけることはありますか？

新ＮＩＳＡでは「Ｓ＆Ｐ５００」や「オルカン」などで運用をする人が多いですが、私が気になるのは「**出口戦略**」です。今は積み立て投資でもかなり資産が増えていますが……。いずれ、築いた資産を〝使うとき〟が訪れますよね？　米国株などの海外資産に投資していても、ゆくゆくは日本円に替えなければ実際の生活ではお金を使えません。その日を想定しているかどうか、です。

正直に言うと、ひとまず買っておくことしか考えていませんでした。

恐らくそういう人が多いでしょうね。ただ、本来であれば**投資はゴールを考えて行わなくてはダメ**なのです。「増えてラッキー」ではなく、ちゃんと「いつ、どれくらいの資産になったら売却するのか」を考えておいたほうがいいです。

なぜなら、将来的にいざ「お金が必要」となったときに、含み益になっている保証はどこにもないからです。今は含み益が出ていても、必要なときに含み益が大幅に減少していたり、あるいは最悪、含み損になっていることもあり得るからです。

耳が痛いです……。

仮に積み立て投資をしながら年5％成長できていたとしましょう。しかし、いざお金が必要になり売却を考えたときに金融ショックが起き、株価が大暴落している可能性だってあります。そうなれば、**株価が復活するまでは売却できず、じっと耐えるしかなくなります。**

そうならないために、何か対策ってあるのでしょうか？

ずばり「**資産を売る経験**」**を積んでおく**ことです。

たしかに。これまでは株を買ってばかりで「売る」経験はあまりなかったです。

投資において「資産を売ること」は絶対に必要です。成長投資枠のなかで一度は株式投資をやってみたら、次は売ってみること。儲かっていても**含み益の状態では、いつまで経っても**「**絵に描いた餅**」にすぎないのです。

耳が痛いです。「もっと上がるかも」と思って、持ち越して損をした経験が僕にもあります。

売った後に株価が上がれば、「ガマンして持ち続けていればよかった！」と、さらに損をした気分になりますよね。

そうなんです。損をした気分がより強くなりました。

そういった心理状態を防ぐには「**半分売る**」**という感覚を身につける**ことです。例えばある株を1単元１００株持っていたとして、含み損になったので全部売ってしまったら気分が沈むでしょう。

でも、仮に2単元２００株買っていたら……。「売りたい」と思ったときに１００株だけ売って、もう１００株は様子見するという選択肢ありますよね。

〝ゼロイチ〟ではない発想で取引ができますね。

最低の1単元しか購入しなかったら「保有継続」か「売却するか」という究極の選択になりますが、**複数単元購入していれば究極の選択は防げます。**

あるいは最低投資金額が少ないＥＴＦ（上場投資信託）をまとまった口数購入すれば、何度かに分けて売却することも可能です。

仮に2倍に上昇したときに半分を売却すれば投資元本は回収でき、残りは投資コスト0円で購入したことになります。そうすれば**心の余裕ができて、5倍高、10倍高まで保有を継続することも可能**になってきます。

重要なのは、実際に売却することで実感や反省をすること。この経験は投資において絶対に必要です。身をもってやるしかないんです。

よく「行って帰るまでが遠足」と言われるように「**買って売るまでが投資**」なんですね。

多くの人が投資に興味を持って、新NISAを活用して資産形成をするのはとてもいいことだと思います。投資を始めて含み益が増えているときは「資産が増えて嬉しい！　ラッキー！」という感覚かもしれません。でも、買ったモノはいつか売らないと、本当の意味で資産が増えたことにはならないのです。

さらに、昨今の新NISAでのオルカンやS&P500の〝ブーム〟は為替市場が円安に動く一因になっているという説があります。では、仮に10〜20年後に「コツコツ買ったオルカンを売却したい」という動きが一斉に出てきたらどうなるか……。為替市場が想像以上に円高に振れて、思うように利益を上げられない可能性もあるんです。そういった〝出口のリスク〟は、前もって考えておくべきですね。

資産を売る練習、やってみます！

この章で絶対に覚えておくべきこと

- ■ 定期預金は1年物をつないで金利のピークを狙う
- ■ 株式市場には下げ圧力がかかりやすいという前提で動く
- ■ 国内債券だけでなく、米国債にも注目しよう
- ■ お金を増やすだけでなく、資産を「売るとき」も意識しよう

第4章

金利のある世界における「お金の守り方」

金利上昇時代には、お金の「守り方」も意識しましょう。

特に住宅ローンや保険商品を気にしている人は多いはず。

また、金利上昇局面ではお金を守るためにやってはいけない「NG行為」もあります。

改めて、金利のある世界でのお金の守り方を知っておきましょう。

金利上昇でも「住宅ローンは変動がいい」納得の理由

この章では金利のある世界における「**お金の守り方**」について見ていきましょう。まずは住宅ローンからです。（次ページ図⑱）

やはり住宅ローンは金利上昇にまつわる最大の関心事だと思います。僕も子供が大きくなってきたからいずれは家を買いたいですけど……。

今は「変動金利」で借りる人が圧倒的に多いですが、これから家を買うならやはり「固定金利」のほうがいいですか？

たしかに、一般的には金利のボトム圏や上昇局面では、住宅ローンは「固定で借りる」がセオリーでしたね。ただ、それは過去の話になっています。**金利のある世界になっても、「住宅ローンは変動で借りる」でいい**と思います。

【図⑱】住宅ローンの3つのタイプ

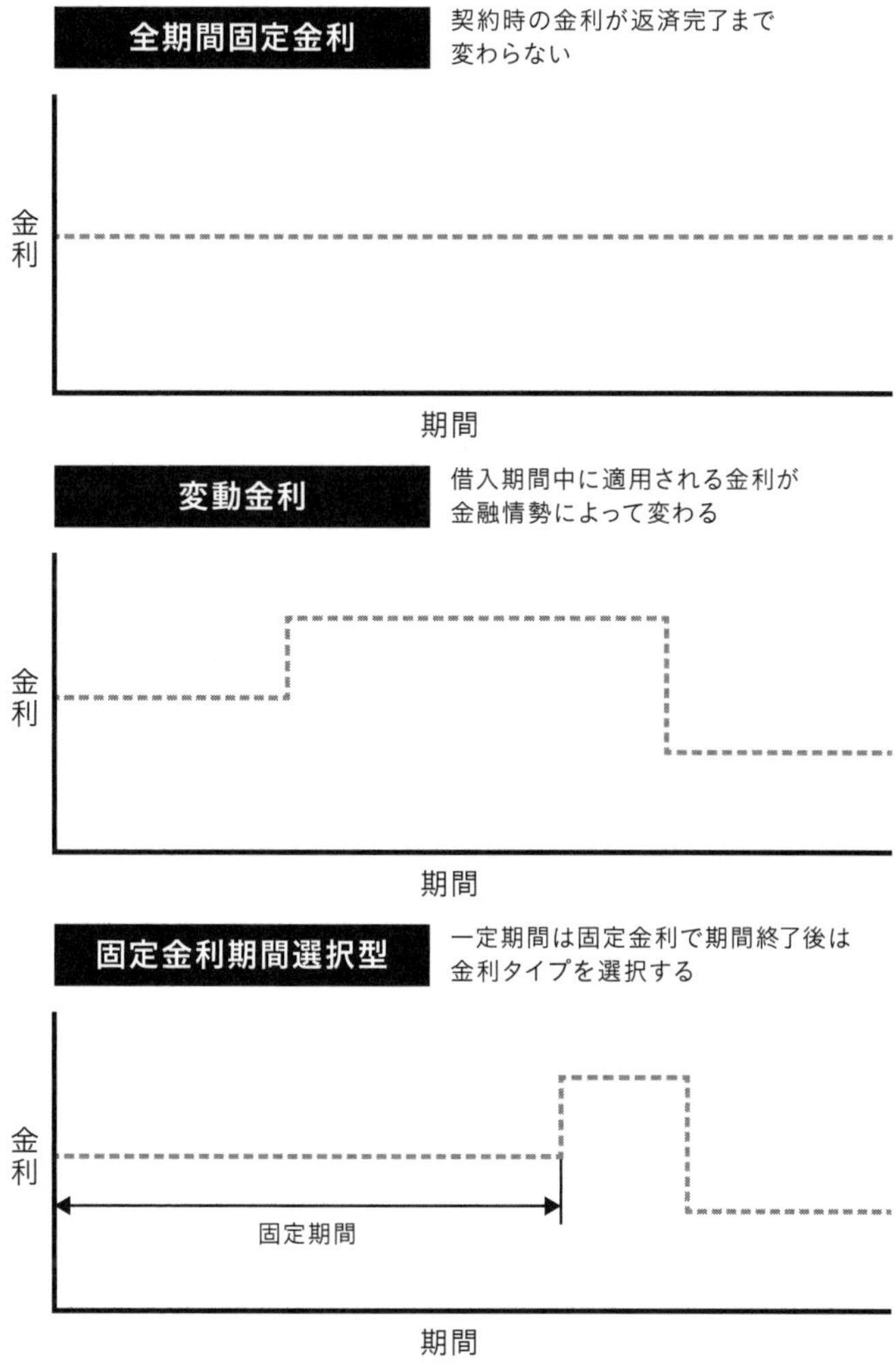

でも、変動金利はこれから上がってしまいますよね。となれば、金利上昇時代には現在の低めの金利に固定できる「固定金利」のほうが有利じゃないんですか？

かつてはそうでしたが、**今の変動金利は昔とは別物になっている**のです。そもそも、変動金利は銀行と銀行がお金を貸し借りする際の金利「短期プライムレート」に連動します。一方の固定金利は市場で決まる「長期金利」に連動します。ただ、変動金利は短期プライムレートに連動するとはいえ、最終的に決めるのはあくまで住宅ローンを提供する各銀行です。

たしかにその通りです。

各銀行サイトの住宅ローンのページを見れば一目瞭然ですが、住宅ローンには「店頭金利」と「優遇金利」という2種類の数値が表示されています。そして、**住宅ローンを借りる際に実際に適用されるのは、優遇金利**のほうです。

だから店頭金利では2・475%などと表示されていても、実際に借りるときには個々人の信用状況などを反映して金利が店頭金利から引き下げられ0・3〜0・6%台という非常に低い優遇金利で借りられる仕組みになっているのです。

僕も住宅ローンを調べたときに知りましたが、人によって「優遇幅」が変わったりしますよね。

はい。そのとき銀行は**借りる人の〝信用度〟を見ています。**年収や資産状況、勤務先、勤務歴などをスコアリングして、それに応じて店頭金利よりもディスカウントした「優遇金利」で貸しています。

また、個人の属性以外に**購入する物件や土地の価値も優遇金利の条件**になりますね。新築住宅よりも中古住宅のほうが住宅ローン金利がやや高かったり、住宅ローンの審査条件が厳しくなるのはそのためです。

その優遇幅は、金利の上昇によって縮小されたりしないんですか？

住宅ローン返済開始後に延滞などがあると、優遇が取り消されたり優遇幅が見直されることもありますが、基本的にはきちんと返済が行われていれば、**優遇幅は金利が上がってもそのまま引き継がれます。**

なので、優遇という制度がある限りは「変動金利が固定金利よりも高くなる」という現象はかつてより起こりづらいのです。

たとえば、現在は固定金利の代表格である「フラット35」の全期間固定金利タイプの最低金利は1・86%（2024年12月）になっています。一方で、ネットバンクなどを使うと変動金利は0・5%くらいで借りられるようです。

その状況だと、**変動金利が固定金利を上抜くためには、日銀が0・25%幅での利上げをあと6回（現在は0・25%）しないといけません。**それでようやく変動金利の適用金利が〝現在の固定金利〟の適用金利を逆転します。（次ページ図⑲）

日本経済の将来を俯瞰すると、そのような利上げをはたしてできるのか……。ある

【図⑲】変動金利が0.5%台から逆転するシナリオ

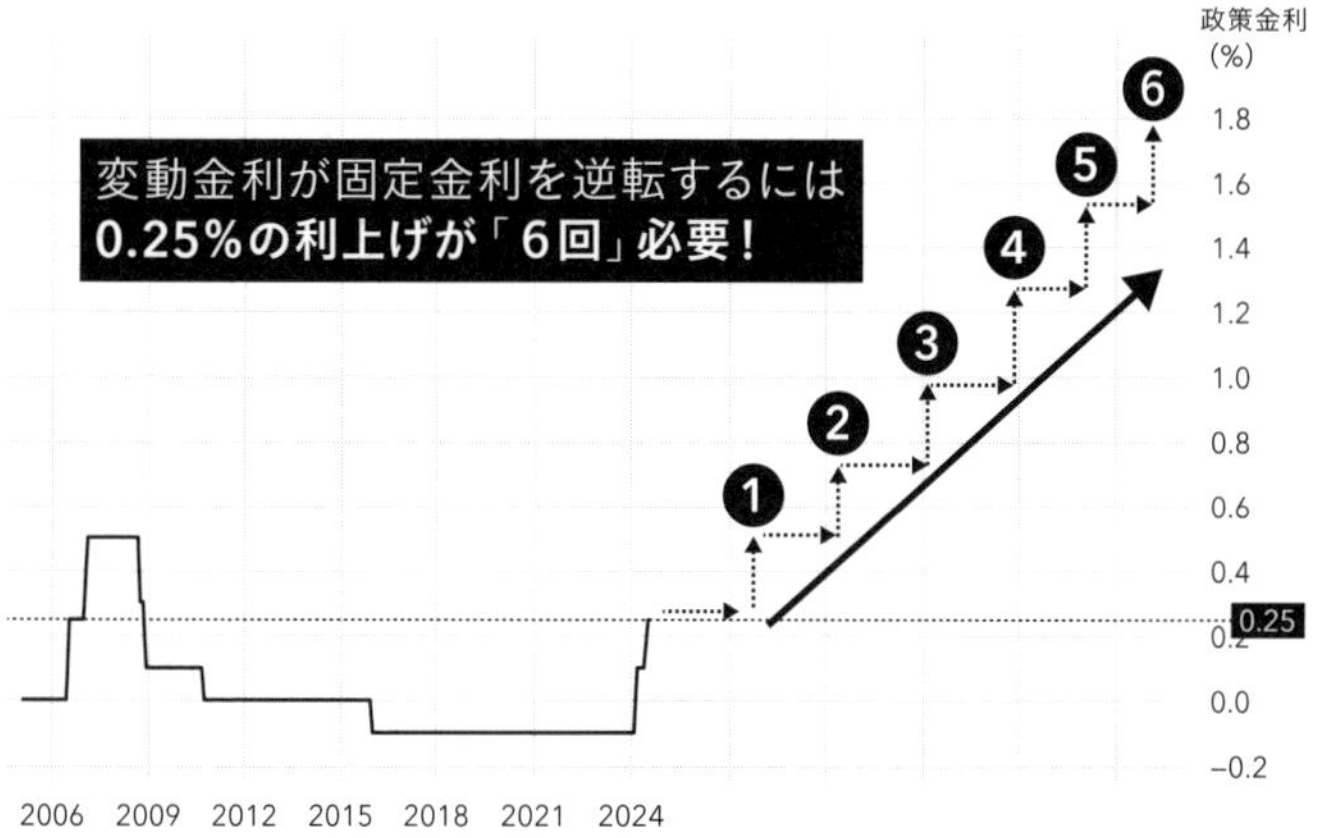

いは6回の利上げができたとしてもその水準を維持できるかというと、かなり疑問ですね。

そう考えると、しばらくは変動金利のほうが有利なんですね。

また、仮に6回の利上げをして固定と変動の差が逆転したとしても……**金利が高い状況というのはそう長くは続きません。**繰り返しますが、金利が上昇した後のピーク圏は1〜2年ほどです。近年のアメリカを見ても、10%近いインフレが起きて景気が過熱して政策金利を5・50%ま

で引き上げましたが、こうした状況は1年3か月ほどしか続きませんでした。

そもそも、5~10年も継続して政策金利が上がり続けるという状況は考えづらいわけですね。

そうです。たしかに金利がピークをつけたときには一時的に「短期金利が長期金利よりも高い」という逆転現象が起こることもあり得ます。ただ、その後はまた金利は下がっていくはずです。

そう考えれば、一時的に変動金利が固定金利を上回ったとしても、住宅ローンの平均的な返済期間である**30年前後の長期間のトータルで考えれば変動金利のほうが有利になる**と思われるのです。

銀行ビジネスを理解すると「ローンの選び方」がわかる

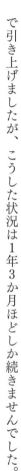

最近は「住宅ローンが上がった」というニュースが多いから、すごく焦っていました。

金利のニュースに敏感になるのは大切ですが、**一時的な上昇で焦りすぎるのも禁物**ですよ。大切なのは、こういった住宅ローン金利のセオリーやメカニズムをしっかりと押さえておくことです。

不思議に思うのは、住宅ローンの金利が上がるときっていろんな銀行が一斉に上げますよね？　何かルールがあるんですか？

ルールではなく、「**市場原理によって一斉に動く**」と言ったほうが正しいですね。

銀行の基本的な収益構造は変わることがありません。日銀が政策金利を引き上げれば、各銀行の資金調達コストも同時に上がります。このため各銀行とも利上げ前の利ザヤと同じ利ザヤを稼ぐために、ほぼ同時期に金利を引き上げるのです。

ただ、**銀行ごとに収益力に差があることから、近年では銀行間でも実施のタイミングに差が出ています。**たとえば、A銀行は日銀の利上げが行われたあとにやや遅れて同じ幅で金利を引き上げる一方、B銀行は1回の利上げなら他部門の利益でカバーできるから今回の利上げで金利を上げるのは当面控えよう……という具合に、銀行の戦略次第で動き方が変わりつつあります。

でも、それならB銀行で住宅ローンを借りたほうがお得になるのでみんなB銀行で借りませんか？

その通りですが、B銀行は赤字を出してまで金利を上げないのではなく、総合的な経営戦略のもとに一時的に金利を引き上げないで「顧客を囲い込む」という戦略をとったにすぎないのです。なので、B銀行にしてもずっと金利を引き上げないのではなく、あくまでも**一定期間のインセンティブ**を出しているにすぎません。

このため、利上げが複数回にわたると**利上げ幅はおおむね同じになり、最終的には優遇などで顧客を選別して金利を引き下げる程度に落ち着く**と思います。

各銀行の金利の引き上げ時期に違いがあるのはそういうことなんだ。

「５年ルール／１２５％ルール」がない銀行に注意

銀行も営利事業ですから、「表面的な金利競争を恒常的に激化させるようなことにはなかなか踏み出せない」というのが本音だと思いますね。

また、変動金利の住宅ローンには「５年ルール／１２５％ルール」という急激な金利上昇に備えた措置があります。「５年ルール」とは、返済期間中に金利が上昇しても**「5年間は毎月の支払額が変わらない」**というものです。

よって借り入れをした5年後から返済額が上がるのですが、その際にも青天井に増えるのではなく、**「現在の毎月返済額の1・25倍までしか上げない」**という措置がとられます。これが「１２５％ルール」です。

金利が上昇しても、ひとまず「翌月からすぐに支払額がどっと増える」みたいなことにはならないわけですよね。

ただし、**一部銀行ではこの2つのルールが適用されない**ことがあります。たとえば「ソニー銀行」「SBI新生銀行」「PayPay銀行」がそうですね。

また、「10年固定」など一定期間だけを固定金利にするタイプの住宅ローンにもこのルールが適用されないので、注意が必要です。金利の引き上げや引き下げなどの改定を含めて、銀行ごとに〝色が出てきた〟ということです。

借りる前にちゃんとチェックしないと危険ですね……。では、そのうえでローンを組む「銀行選び」はどうしたらいいんでしょうか？

やはり**いちばん低い優遇金利を示してくれる銀行でいい**と思います。例えば「auじぶん銀行」や「住信SBIネット銀行」などですね。日銀が追加利上げをした後でも、変動金利０・４～０・６％という低さで住宅ローンを提供しています。どれだけの優遇幅が適用されるかは審査次第ですが、調べて最も金利が低い条件で借りられる銀行を選ぶことです。

金利はお金を借りるときの「手数料」ですから、**とにかく安く借りられるほうが有利**というわけですね。

その通りです。この本の趣旨を理解してきましたね。

ちなみに、最初は変動金利で借りても「金利上昇のタイミングを見て固定金利に乗り換える」という手法は使えないんでしょうか？

正直、**金利上昇局面では中途半端な借り換えはやめたほうがいい**ですね。なぜなら、固定金利が連動する長期金利は短期金利よりも先に上がっていきます。将来的に変動金利が上がってきたら、そのときの固定金利はもっと高くなっているはずです。あく

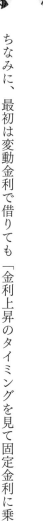

までも推測ですが、そのまま**5年くらい上がり続けないと、固定のほうが得になるという状況にはならない**かと。

そんなにうまい話はないですよね……。あと、住宅ローンの種類には「5年固定」とか「10年固定」という一定期間固定金利を選ぶことができる「固定金利選択型」もありますが、それはお得なんですか？

そちらもあまりオススメできません。先ほども述べたように、現在の優遇金利で借りた変動金利が固定金利を上回って逆転するには、少なくともあと6回の利上げが必要です。それが10年以内に訪れるかどうかは未知数。**変に10年固定などで借りたりすると、かえって損をする可能性が高い**と思います。

先のことはわからないからこそ、今は有利な変動金利で借りておいたほうがトータルでは無難な選択になるのですね。

金利上昇でも繰り上げ返済を急ぐ必要はない

であれば、すでに変動金利を借りている人はこのままがいいと思うのですが、**固定金利で借りている人**は今からでも変動に乗り換えたほうがお得なんですか？

そうとも限りません。固定金利で借りている人は、おそらく「金利の上下に振り回されたくない」、あるいは「今後も続く支出額をきっちり確定させたい」という気持ちが強い人たちでしょう。**そうした選択自体は決して間違いではなく、あくまで個人が**「**何に価値を置くか**」によります。

支払いが少し多くても、固定のほうが不安は減りますもんね。

ただ、そのうえで「毎月の返済額を安くしたい」と考えるなら、金利がピークをつ

けて下落局面になり、**自分が借りている金利よりも固定金利のほうが低下したら借り換えを検討**する価値はあるでしょう。毎月の返済額が減るというシミュレーションが出るはずです。自身が借りている住宅ローンの残債と照らし合わせながらシミュレーションしてみるといいと思いますよ。

あと、変動でも固定でも「繰り上げ返済」はしたほうがいいんでしょうか？

それは定年後の60歳もしくは**65歳時に住宅ローンが残るかどうかがポイント**です。定年後の住宅ローン負担はやはり家計の大きな圧迫材料になります。本来は収入が減ったら支出も減らすことが家計を破綻させないコツです。

金利の高低などではなく、あくまでも老後のキャッシュフローを考えて繰り上げ返済をするかしないかを考えるのが基本になりますね。

今は定年後も再就職とかで働く人が多いですけど、それでも収入は大きく減るケースが多いと聞きますからね……。**現役時代と同じ額の住宅ローンを返済し続けるのは**

不安な日々になりそうです。

実は今、住宅ローンの平均完済年齢は72歳前後と言われています。昨今では金融機関の商品に「50年ローン」もあるくらいです。

なので、今住宅ローンを抱えている人は完済年齢を確認し、65歳以上でも住宅ローンが残る人は、なるべく繰り上げ返済をしておいたほうがいい。老後の準備というと資産形成がすぐ頭に思い浮かぶと思いますが、**住宅ローンなどのマイナスの資産（負債）を残さないことも立派な老後の準備**なのです。

でも、住宅ローンの繰り上げ返済を考えたときに「団体信用生命保険（団信）」のメリットがあるじゃないですか。団信があると生命保険の代わりになって、自分に万が一の事態があった場合、ローンの残債が相殺される仕組みですよね。

そうですね。よく繰り上げ返済と団信の関係性は指摘されます。自身が亡くなったとしても家族に家という資産を残すことはできます。その保証があるから「繰り上げ

返済をする意味はない」という意見ですよね。

ただ、私も60代の一人として実感があるのですが、「**死なないリスク**」**も考えたほうがいい**と思うのです。

え……死なないリスクとは？

たとえば、「認知症などになって働けないのに、ローンだけは残っている」という状態です。住宅ローンの契約内容次第ですが、自分はろくに働けない状態なのに、返済義務は残り、さらに死ぬこともままならない……そんなリスクもあり得るわけです。あるいは、なんとか元気になっても住宅ローンの返済は続きます。

「団信があるから繰り上げ返済しない」というのは、「**自分自身は住宅ローンが残っているうちに死ねる**」**という前提で考えすぎている**と思います。正直、人間はそう計算通りに死ねないんですよ。

そう言われると、ぐうの音も出ません……。じゃあ、繰り上げ返済はどのようにや

るのがいいんでしょうか？

実は住宅ローンの特徴から言えば、繰り上げ返済を早めに行う必要はありません。というのも、住宅ローンの場合、返済開始後は毎月の返済額に占める「借入利息額」が多いのは事実ですが、**変動金利の場合は返済額に占める割合は相対的に少ない**のです。

それに、一般的には住宅ローン控除が利用できますから、**初めての繰り上げ返済は住宅ローン控除の適用が外れた年あたり**でいいはずです。その後も毎月、あるいは毎年の繰り上げ返済を行う必要はありません。

定時定額で繰り上げ返済を行うよりも、自分のライフプラン上の節目で行うのがいいでしょう。たとえば子供の進学や自分の昇進など、**人生の節目にあくまで余裕資金で繰り上げ返済を行えばいい**と思います。

なるほど、借りた直後から焦って多めに返済する必要はないんですね。

むしろ「ローンを減らそう」と焦って、**手持ちの金融資産が枯渇してしまうのは本末転倒**です。そうなれば、何らかの出来事でまとまった資金が必要になっても捻出する資金がなく、あげくの果てに「借金に頼る」なんてことになりかねないからです。

住宅ローンの金利は、私たちが借入を行う際に適用される金利としては最も低い水準です。したがって、住宅ローン以外の借り入れは原則慎むのが家計管理の基本です。その意味でも、急いで繰り上げ返済を行う必要はありません。

ちなみに、繰り上げ返済をする際には自分で自由に返済額を変えたりしてもいいのでしょうか？

繰り上げ返済には、毎月の返済額は変わらないものの返済期間が短縮される「期間短縮型」と、残りの返済期間は変わらないが毎月の返済額が少なくなる「返済額軽減型」の2種類があります。**利息の軽減効果が高いのは期間短縮型**になりますが、たとえば子供の教育費負担が厳しい局面で繰り上げ返済を行うようなときは、返済額軽減型を選んでキャッシュフローを改善する方法もあると覚えておきましょう。

繰り上げ返済をする場合はその都度、どちらかの方法を選択することができます。だから**最終的に定年退職年齢で完済できるように帳尻を合わせる**のが、無理なく繰り上げ返済を実行できるコツになりますね。

あと、繰り上げ返済をする余裕があるなら、「そのお金を投資に回したほうがメリットが大きいんじゃないか？」と思ってしまうのですが、どうでしょうか？

たしかに、住宅ローンの金利は低いので繰り上げ返済せずに運用（投資）に回したほうが稼げると考える人は多いですね。しかし、投資に絶対はありません。また運用益が住宅ローンの金利を上回ったとしても、その運用益などで住宅ローンを帳消し（早期完済）したという人に私は会ったことがありません。

自信があるなら投資を行っても構いませんが、**繰り上げ返済は金利の多寡ではなく「あくまで定年退職以降のキャッシュフローを改善するためのもの」**だと認識してください。

繰り返しますが、定年退職以降は収入が減るのだから支出も合わせて減らさないとダメです。収入が減るのに住宅ローンが残っていると、本来は削りたくない部分を節約しなければならなくなります。お酒やご褒美のスイーツなど、ちょっとした楽しみに手をつけざるを得ない状況を避けるためなのです。

マイカーローンや事業ローンも利上げで上がるのか？

年長者の金言として肝に銘じます……。ちなみに、金利のある世界においては、「マイカーローン」とか「事業ローン」とか、ほかのタイプのローンも金利が上がっていくのでしょうか？

近年は若年層を中心に物欲が低下していることから、借金をしてまで何かを買うという人は減っているようですね。ただ、家計相談を行っている私の経験ではマイカーローンや教育ローンはそれなりに借り入れをしている人がいますね。そのほか、カー

ドローンやビジネスローンなどもあるため、金利上昇がこれらのローンにどのような影響があるのかも簡単に触れておきましょう。

結論から言えば、**金利の上昇がこれらのローンに与える影響は住宅ローンに比べるとかなり小さい**と思われます。いずれのローンも日銀の政策金利がマイナスになったマイナス金利政策下でもほとんど金利は下がらなかったからです。

これらのローンの金利が引き上げられるのは、政策金利があと2回か3回引き上げられた後ではないかと考えています。

なるほど、住宅ローンほどの連動感はないのですね。

ただ、いずれのローンも**日銀の政策金利より長期金利に連動しやすい**ことを考慮すれば、長期金利が想定以上に早く2％を超える水準まで上がれば、早めの借入金利の引き上げがあるかもしれません。

なかでも不動産投資に関連する「**アパート融資**」**的な借り入れは、長期金利との感応度がかなり高くなっています。**このため、不動産投資に関する融資に関しては長期金利の上昇に伴い、ジワジワと金利が引き上げられる可能性があるでしょう。借入金利の上昇が予測されているのだから、不動産投資は今後難しくなるでしょうね。

やはりいろんなタイプのローンに影響は出てくるのか……。

なお、**ノンバンクから借りているカードローンやキャッシング**の金利は法令のほぼ上限で融資が行われています。このため日銀が利上げを行って金利が上昇しても、**金利が引き上げられることはない**でしょう。

ただ、カードローンやキャッシングなどで法令の上限未満の金利で借りる場合、長期金利が２％を超えてくると金利が引き上げられるかもしれません。

ローンを組んで高級車とかを買うことは当分ない気がしますが……。金利上昇局面ではなるべくローンは組まないほうがよさそうですね。

おっしゃる通り。車のローンなどは一度組んで車を買ってしまうと買い替えの度に

ローンを利用してしまい、**〝ローンの沼〟から抜けられないケース**が多々あります。家計管理の観点からは現金で購入しないと、なかなか家計が貯蓄体質には変わらないですね。

金利のある世界での「保険」見直し方法

また、金利がある世界で**考え方を変えなければいけないのが「保険」**です。

保険も大事ですよね。僕は子供がまだ小さいし、万が一のときにちゃんとお金は残せるようにしておきたいです。金利の上昇局面における保険選びはどう考えたらいいでしょうか？

そもそも、保険は金利が高くなれば支払う保険料は安くなり、満期や中途解約を迎

えた際の返戻金は多くなります。反対に、金利が低くなれば支払う保険料は高くなり、満期や中途解約の返戻金は少なくなる。

つまり、金利が高くなると個人にとっては**保険も資産形成商品の候補になってくる**のです。

金利がある世界では、保険は個人にとって有利になるんですね。

こうしたメカニズムが生まれる理由は、金利が高いと保険の運用担当が収益を出しやすくなるからです。**生命保険会社は集めた保険料を、国内外の債券や株式、不動産などで運用**しています。ただし、保険会社は顧客の保険料をしっかり守るために厳しい運用ルールが定められていて、株式での運用は限定的になっています。

また、保険は長期契約の商品ですから、安定した長期の収益が期待できるオフィスビルなどの不動産を購入し、賃料収入で収益を得るなどしています。だから大手生命保険会社はたいてい〝土地持ち〟なんですよ。

僕らの掛け金がいろんな金融商品に分散投資されてるんですね。

そんななかで国内債券の利回りが上がってくれれば、生命保険会社はこぞって買うようになるでしょう。どうしても外国の債券は為替リスクが付き物ですから、「**安定運用という観点からは国内債券がいい**」**という判断**になります。

金利（利回り）が上昇することによって、保険の返戻金額が上がるというメリットにつながっていくのですね。

保険の運用メカニズムを単純化してもう少し細かく説明します。仮に20年間の予定利率1％の保険を販売していたとします。運用担当者は20年物国債で利率が1・2％の商品を見つければ、加入者に1％の利率は確保することができて、残りの0・2％分は保険会社の収益になるのです。

つまり、金利が上がることによって、**保険会社は高い利ザヤを安定して稼げる有利な状況**になるんですよ。

反対に、バブル崩壊後は各保険会社が厳しい状況に陥っていました。というのも、高金利が続くことを前提に予定利率が高い保険を販売していたのですが、実際には金利が下がってしまい、加入者に約束している予定利率よりも利回りが低くなってしまう〝逆ざや状態〟になってしまったからです。

さらに不動産価格の下落や企業への貸し付けなども焦げついてしまい、当時は倒産してしまった生命保険会社も10社程度あったのです。

なるほど。それで1990年代に販売された**予定利率の高い保険は「お宝保険」と呼ばれていた**んですね。債券の金利が高くなる状況って、誰にとっても運用がラクになるんだな……。

とはいえ、保険の種類によって金利の影響には濃淡があります。影響が大きいのは満期金や中途解約で解約返戻金のある保険、通称「**貯蓄型保険**」**と呼ばれる保険**になります。終身保険、養老保険、学資保険（こども保険）などがその代表で、個人年金保険もそのひとつです。

保険の予定利率は加入時の利率が契約終了まで続きますから、債券と同じく**金利のピーク圏で加入すれば保険料は安く、満期金や解約返戻金は大きくなります**。言い換えれば貯蓄効果が高くなることになりますね。

では、これから個人にとって保険は有利になるとして、どう選べばいいですか？

まずは自分が入っている保険を見直すことですね。特に**マイナス金利下の２０１６〜２３年に加入した保険は見直しを検討していい**かもしれません。

やや歯切れの悪い回答になってしまうのは、生命保険の見直しは予定利率の高さだけでは判断しきれないからです。

たしかに。そもそもの保障内容のほうが重要ですもんね……。

その通りです。なので、ここではあくまで「金利上昇に絡めた保険の見直し」という観点でお話しします。前述の通り、見直したほうがいい可能性があるのは、通称

「貯蓄型保険」と呼ばれる終身保険、養老保険です。個人年金保険も入るでしょうか。

貯蓄型保険の予定利率は、加入時の利率が満期（あるいは解約時）まで変わることがない固定金利の商品になります。このため、**加入のセオリーは金利のピーク圏のはずなのに、なぜか低金利局面で加入している人がいる**のです。

推測ですが、銀行の窓口に行くと保険の営業をされたりもするので、その際に加入したケースが多そうですね……。

加入の経緯はともかく、これら貯蓄型保険は今後、予定利率が上昇してきたら乗り替えを検討していいかもしれません。ただし、低金利時に加入した貯蓄保険を途中で解約すると、払込み保険料を下回る元本割れとなるケースが多い。元本割れは加入から中途解約するまでの期間が短いほど大きくなります。

逆に言えば、**「ある程度の期間」が経過しているなら、解約返戻金が払込保険料を上回るケースもあり得ます。**「ある程度の期間」は保険の種類や加入年齢などで異なるためひとくくりにできませんが、数年ではなく、**少なくとも10年は経過**していないと元本割れを免れるの難しいでしょう。

ひとまず、自分が入っている保険の予定利率を確認することからですね。

ただ、そのうえで「乗り換えよう」と思った場合、**注意したいのが年齢と健康状況**です。一般的に生命保険料は若いほど低く、年を重ねるほど高くなります。

また、人間ドックでも高齢になるほど再検査など引っかかる項目が多くなりますよね。健康診断で引っかかると保険に加入できなかったり、保険料が高くなることがあります。そうなれば、**乗り換えた先の保険での利回りがさほど高くならないケースもあり得る**のです。

なので、低金利局面で加入した貯蓄型の生命保険があるとしても、損をするのがイヤなら、せめて払込金額を解約返戻金などが上回る時点まで継続したほうが無難かもしれませんね。

見直しが「必要ない」タイプの保険とは？

掛け捨ての保険でも金利上昇によって変化はあるんですか？

掛け捨ての保険の場合、もともと解約返戻金がほとんどありませんので、今後、金利が上昇したとしても保険料が大幅に低くなるわけではありませんね。よって、**定期保険や収入保障保険などは見直す必要がない**でしょう。

がん保険とかはどうですか？

医療保険やがん保険なども金利上昇が保険料に与える影響は低いため、金利上昇による見直しはあまり考えなくてもいいと思いますよ。

ただし、医療技術の向上により、たとえばがんに罹患しても治癒するケースが増えてきたのはご存じのはずです。がんは不治の病ではなくなりつつあるのは喜ばしい半面、かつて加入したがん保険では現在の先進治療などをカバーできていないケースがあります。

また、医療保険も近年の短期入院、日帰り手術などに対応できる保険に変わっているのですが、やはり昔の医療保険だと「5日以上入院しないと給付金が支払われない」など、短期入院や日帰り手術などをカバーしていないケースがあり得ます。

医療保険やがん保険などは、金利上昇よりも「**必要な治療をカバーしているか**」「**短期入院に対応しているか**」など、**保障される範囲を確認したほうがいい**と思いますね。

保険だとほかに**損害保険**もありますが、そちらへの影響はどうなんですか？

損害保険は生命保険と比べると契約期間が短い保険が多いことから、**金利上昇による影響は生命保険ほど大きくありません**。まったくないとは言い切れませんが、やはり掛け捨て型の保険と同じく、その影響は軽微になります。

代表的な自動車保険や火災保険などは金利よりも、事故や自然災害の多さ、大きさなどのほうが保険料に与える影響は大きいですね。

それでも保険は「貯蓄性」で考えてはいけない

これまで金利上昇が各種保険に与える影響を解説してきましたが……、そのうえで知ってほしいのは**保険の「貯蓄性」に関してはやはり疑問符がつく**ということです。

え、金利が上がれば満期金や解約返戻金なども高くなるという話でしたが……。それでも貯蓄性で考えちゃダメなんですか？

はい。たしかに金利が上がれば予定利率も高くなり貯蓄効果が高くなるのは事実です。ただ、それでも〝お得〟とまで言えないのは、**保険ビジネスの仕組み**を知ればわ

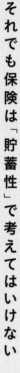

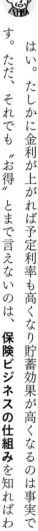

かります。

どんな仕組みですか……?

多くの人が誤解しがちなのですが、予定利率が1%だったときに「自分の払った保険料の全額（100%）が運用に回されて、その結果によりお金が戻る」わけではないんです。保険会社も事業会社なのでコストがかかります。人件費やオフィス賃料、事務費用、広告宣伝費など経費がかかるうえ、純粋に死亡保障などのお金に回るぶんもあります。

それらを差し引くと、**実際に運用に回せるのは掛け金の5~6割程度**です。どれだけコストを圧縮しても、掛け金の7割超を運用に回せている保険会社はほとんどないと思います。

なるほど。そもそも運用に回せるお金が少ないからリターンも少ないのですね。

その通り。**こうしたビジネス構造ゆえに、それほど運用益が出るわけがない**のです。ゆえに保険の換金性はそこまで高くはないので、貯めるならば自分で貯める、あるいは運用して増やすほうがいいという結論になってしまいます。

確かに。だったら必要最低限の掛け捨て保険のほうがお得な気がします。

加えて、そもそも**「本当に保険が必要か？」はしっかり考えておくべき**ですよ。

どういうことですか？

私がよく例えるのは車の運転です。自動車保険に入るのは、万が一事故を起こしてしまったときに自分が加害者になる可能性があるからですよね。あるいは加害者にならなくても事故による修理代がバカにならないからではないでしょうか。

しかし、高齢などを理由に免許を返納して運転しなくなったら、自動車保険に入る必要性はなくなります。

そもそも事故を起こす可能性がないですもんね。

それと同じで、生命保険が必要なのは「自分に何かがあって、残された家族のお金が足りなくなったとき」だけです。具体的には、**いちばん保険が必要なのは「子供が生まれたとき**」です。独身の時期はもちろん、結婚して夫婦二人の時代でも、昨今は共働きの2馬力の家庭も多いのでさほどリスクは高くないはずです。

お互いの収入の割合にもよりますけど、どちらか片方が健在なら、収入が完全に途絶えることにはならないですね。

そして、**子供が大きくなっていけば保険での備えも徐々に減らしていくべき**だと思います。

幼稚園や保育園に通うようになったら、小学校にあがったら、中学生になったら……と、子供の成長に伴い徐々に「本当に必要な保障額」は小さくなっていくのです。

なので保障を厚くしておくのは、**いちばん下の子が生まれてから保育園などに入るまでの3年間程度**ではないでしょうか。そのときに万が一が起こっても大丈夫なように、という想定で考えればいいと思います。

だから、保険は「必要な時期に必要な保障を確保する」という考え方を忘れずにいたいですね。日本人は不必要な保険に入りすぎていると思いますよ。

金利のある世界で「退職金で損をしない」戦略

金利のある世界では、退職金のことも考えたほうがいいですね。

金利上昇で退職金にも変化が起きるんですか？

所属している会社がどの退職金制度を用いているかによりますが、**「確定拠出年金**

（企業型ＤＣ）」や、「確定給付企業年金（ＤＢ）」で運用されている場合、注意が必要だと思います。

あ！　実は僕の会社でも退職金制度が「企業型ＤＣ」に変わったんです。これまでは会社が決めた運用方法だったのですが、「これからは自分で運用商品を決めてください」って言われ、積み立てる投資信託を選んだ記憶が……。

であれば、今のうちに知っておいたほうがいいですね。

退職金受け取りまでまだ先は長いですが、ぜひ知りたいです。

まずは制度のおさらいをしましょう。**企業型ＤＣ**は掛け金が個人ごとに明確に区分され、**掛け金とその運用益の合計額をもとに将来の退職金給付額が決まる制度**です。その個人版が「ｉＤｅＣｏ（個人型確定拠出年金）」ですね。

ｉＤｅＣｏもやったほうがいいと思いつつ、まだできていません……。

勤務先の会社が企業型ＤＣで運用している場合、個人としてｉＤｅＣｏも併用できますが、毎月の拠出金に制限がかかります。そこは事前に証券会社のＨＰなどで確認したほうがいいですね。

一方、**企業型ＤＢ**は会社側が「将来いくら支払う」という**給付額を約束したうえで、資金を運用していく制度**です。運用リスクは会社が負うことになるので、運用成績が悪かったとしても、退職時の給付額が変わらないのが特徴ですね。

僕の場合は企業型ＤＣを使っていますが、どういったことを意識すればいいんでしょうか？

ｉＤｅＣｏや企業型ＤＣの場合、金利上昇時代の投資全般と同じ考え方でいいでしょう。「**全力で株式投資**」**ではなく、債券投資も行いながら資産を増やしていくかたち**が、これからのセオリーになります。ちなみに、企業型ＤＣではどんな商品で

の運用を選びましたか？

国内外の株式で運用する投資信託で１００％運用しています……。

まあ、30代という年齢ならそれも選択肢の一つですよ。退職金はどちらかといえばサテライト資産にあたりますから、**若い人は「増やすこと」を第一に考えて、投資のアクセルを踏んでもいい**と思います。引き出すことができるのは、通常は退職してからですからね。

ただ、年齢が上がってきたら話は別です。**特に50代以上の人は投資方針を変えたほうがいい**です。

後学のために、ぜひ聞かせてください！

それは「資産を増やしつつ、安定運用に切り替える」ことです。株式中心の運用だと、いざ退職金を受け取り使いたいときに相場が悪い可能性もあります。なので、**50**

代以降には選ぶ商品の一部を「元本確保型」に変えてください。せっかく増やした資産を減らしては元も子もないので、ディフェンシブな運用に切り替えるのです。

その際にはどんな金融商品がいいのでしょうか？

債券がその候補になりますが、残念ながら企業型ＤＣやｉＤｅＣｏには選択できる商品群のなかに債券はありません。ただ、債券で運用される投資信託はあるはずなので、**金利のピーク圏にきたら国内債券で運用される投資信託に乗り替える**といいですね。

また、すでに十分な利益が出ていると考えるならば、金利が高い定期預金に振り替えて「増やした資産を減らさない運用」もアリです。

退職金を受け取ったら「最初に預けるべきところ」

それよりも気をつけてほしいのは、**退職金を受け取った後の行動**ですね。

と言いますと……？

大多数の人にとっては、退職金を受け取ったときが「人生で金融資産額が最も多くなる時期」になります。ただその半面、気が大きくなって退職金を積極的に運用したあげく、失敗してしまうと取り返しのつかないことになります。

そこでまず、退職金を受け取ったらすぐに運用（投資）せずに、**銀行などが扱う「退職金専用定期預金」に全額を入れてください**。預入期間は1～3か月程度と短いものの、その金利は通常の定期預金の数倍あるからです。

大金を得ると「寝かせておくのはもったいない」と考えて投資しちゃいそうですが、それだとダメなんですね。

そうです。「**運用しなくては！」と頭に血がのぼっているのをいったん冷やす、冷却期間を置く**ということです。冷静さを欠いた状態で銀行や証券会社の窓口に行けば、薦められるままの金融商品を買ってしまいかねません。

最近はネット証券の利用が多いので考えすぎかもしれませんが、今後の運用の戦略を練る、あるいは退職後のお金の使い方を考えるなど、家族を含めた自分自身の〝棚卸し〟を行ったほうがいいです。どのように運用したらいいのか、住宅ローンを完済させたほうがいいのか、個人年金保険の保険料をまとめ払いするかなど、**退職金をどのように活用するのかを退職金専用定期預金が満期になるまでに考える**のです。

とても納得です……。では、冷静になった後に運用する場合にはどんな商品がいいんでしょうか？

金利上昇局面ではあるものの、金利の多寡にかかわらず**退職金運用はいつの時代も「保守的」にするのが基本**です。万が一運用で失敗してしまうと取り返しがつかないうえ、今後収入が増えることは通常あり得ないからです。収入でリカバリーできない

し、そんな時間的余裕も残されていません。

とはいえ、幸いにして今は金利上昇局面ですから、金利上昇の波に乗れる商品、具体的には**個人向け国債の「変動・10年」、もしくは定期預金であれば「1年物」をベースに運用**を考えましょう。

そして、金利のピーク圏がきたら、次は長期の固定金利商品に乗り換えていく。たとえば「新窓販国債」や「社債の10年物」、「定期預金の10年物」などがその候補になるでしょう。（次ページ図⑳）

そのあたりは定期預金や債券で得するための戦略と同じですね。

50代以降はとにかく「安全・確実」に運用できる商品を中心に据え、そのうえで余裕資金があれば投資に回すのがいいですね。退職金を含めた金融資産全体のうち、**最大でも投資に回す資金は40％前後にとどめておく**べきでしょう。

もちろん、定年退職後も収入が潤沢にあり家計収支が黒字で、余裕で年間100万円単位の金融資産を積み上げられる人なら話は別です。または金融資産が

【図⑳】退職金で損をしないためのロードマップ

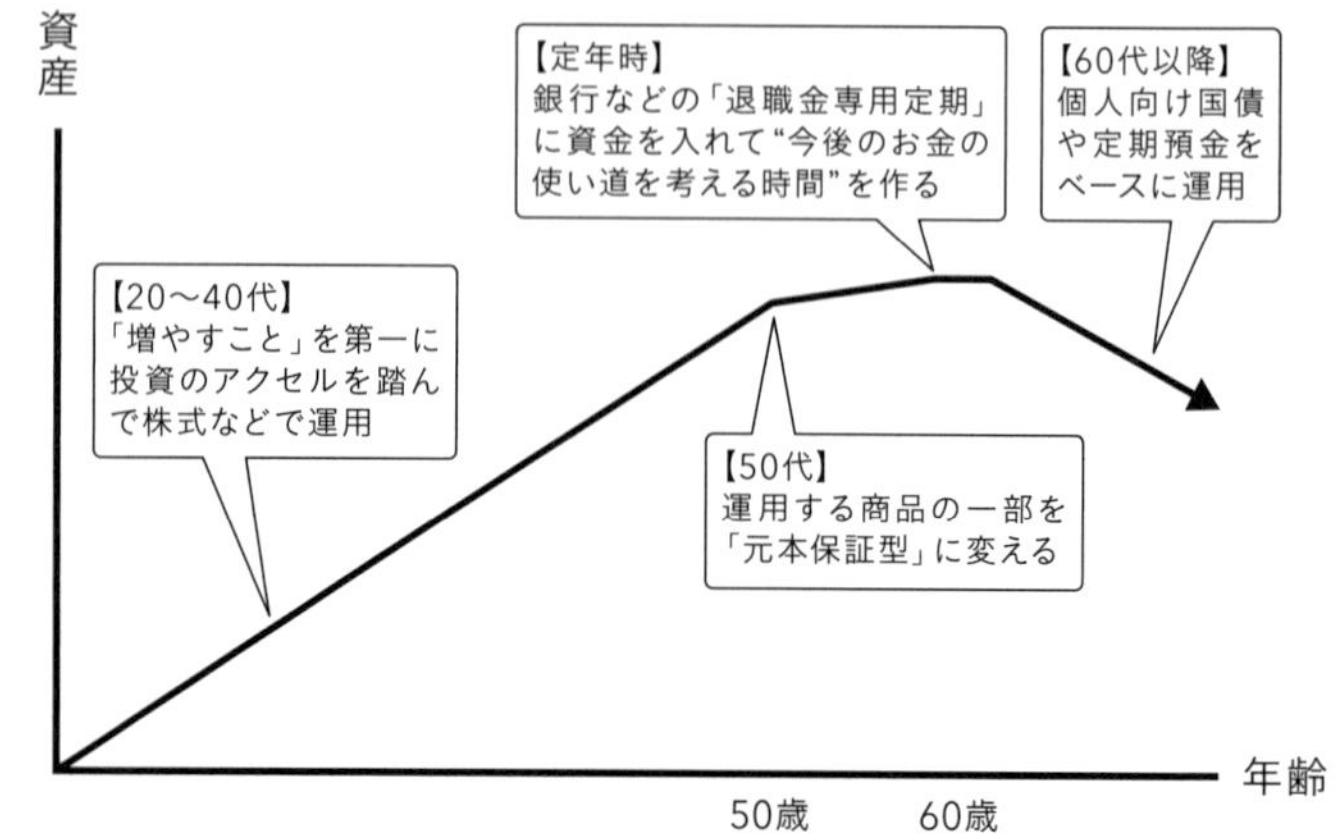

1億円以上ある「億り人」で豊富な投資経験がある人なら、自己責任のもとで安全資産と投資資金の配分割合を反対にするくらいのリスクを取る運用をしても構いませんが……。

そういう人は限られていますし、20〜30年後に老後を迎える僕ら世代はなおさら難しそうです。

なので大多数の人は、先に述べたように投資資金は40％前後にとどめておくべきです。投資先は新ＮＩＳＡの「成長投資枠」を利用して、株式、投資信託、ＥＴＦなど自分が

興味ある商品に投資すればいいです。

そのうえで投資スタンスは、資産を増やす複利運用よりも、**毎年配当収入を得て、自分の楽しみのためなどに使うことを前提とした「単利運用」**をベースにするといいでしょう。高配当株や高配当指数連動のＥＴＦなどがその候補になると思われます。

やってはいけない！　金利上昇時代の「悪手」

□ 1．「ポイ活」は損をする

ここからは、金利のある世界において「やってはいけないこと」について見ていきましょう。まず、金利上昇時代とは物価も上がるということです。そのなかで注意したいのは、いろんなポイントを貯める「ポイ活」です。**ポイントは今後、不利になっていく可能性が高い**と考えています。

僕もいろんな「経済圏」でポイントカードを作って貯めているのですが、なぜ不利になるんでしょうか？

というのも、物価が上がっていくのにポイントで持ち続けると、物価上昇分だけ損をしてしまうからです。よって、ポイントは貯めずに**「その場で値引き」してもらうのがいちばんお得**です。

ただし、最近はポイントを運用できるようなシステムもあるので、ポイントで運用を行って物価上昇率を上回る利益を目指したいなら、それはアリだと付け加えておきましょう。最も損なのはポイントを失効してしまうことですね。

なるほど。じゃあ、ポイント還元に惹かれて買い物をするよりも、**その場で値引きしてもらえるときに買うほうがお得になる**んですね。

物価の上昇局面ではそうなりますね。ポイ活は今後、お得さが減っていくのではな

いかと危惧しています。特に**「楽天経済圏」は先行きを心配**しています。

それはどういうことですか？

企業にとってポイントを発行すると、それは「負債」になります。当然、バランスシートは悪化します。そこにお客さんが一斉に「ポイントを変えたい（使いたい）」と申し出たら、一気に負債を返済していかなければいけないのです。「グループ内の経済圏で使ってくれればいい」という考え方でポイントを発行しているかもしれませんが、それにも限度があるような気がしてなりません。

なので、**ポイント条件は今後どうしても〝改悪〟の方向に向かっていく可能性が高い**のではないでしょうか。

そうなのか……。ポイ活で結構貯まっているポイントカードもあるので早めに使ったほうがいいですね。

ひとまずは「**物価上昇下ではポイントは不利**」と覚えておくことが重要です。ちなみに、NISAのクレジットカード積み立てや、ふるさと納税のポイントの付与などができなくなるなど、改変のニュースが増えています。今後はしっかりニュースをチェックしたほうがいいと思いますよ。

□ 2.不動産投資は利回りが悪化する

不労所得を得るのに根強い人気なのが、不動産投資です。ただ**不動産投資の場合、低金利がフォローの風となっていた**部分があり、これから金利が上昇していくにつれて、儲けるのはどんどん難しくなっていくと思われます。

それは投資物件を買うのにローンを組むからですか?

その通り。一般的に不動産投資では手持ち資金に加えて借り入れで物件を購入することになります。これまでは低い金利で資金を調達(借り入れ)することができたため

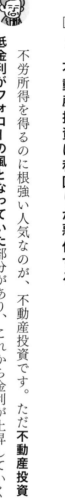

収益を得やすかったのです。しかし、これからの**金利上昇局面では借入金利も上昇する**ことになります。

不動産投資の場合の借入金利は住宅ローンと異なり、短期金利ではなく長期金利に連動することになります。しかも、不動産投資用ローンは変動金利タイプが一般的です。このため、**不動産投資向け融資の金利は住居用の住宅ローンよりも先に上昇していく**ことになるでしょう。

不動産投資用ローンのほうが金利上昇は早いんですね！　しかも、住居用のローンよりも金利が高い……。

家賃収入と借入金利のみで単純化すれば、家賃収入が5％、借入金利が1・5％であれば3・5％の収益を得ることができました。しかし、家賃収入が変わらず借入金利だけが2・0％、2・5％……と上昇していけば、収益は3・0％、2・5％……と減少していくことになるのです。

収益が減少すればするほど、固定資産税や修繕費などの諸費用を賄うのが難しくなっていき、**収支は赤字になる可能性が高くなります。**賃借人の管理や募集を不動産会社に任せれば、当然手数料がかかることも付け加えておきましょう。

もちろん、どのような物件に投資するかで話は変わります。高い家賃収入を得られる高収益の物件だったり、現金で買えるような築古物件に投資して、自分でリフォームなどをするなら別です。とはいえ、**銀行でローンを組んで投資をするのなら、どうしても利回りが悪くなってしまいます。**

ただ、それなら所有物件の家賃を上げて収入を高めればいいんじゃないですか？

それが、そううまくはいきません。**家賃収入は景気や物価の変動をあまり受けない傾向にある**からです。景気がよくなろう（物価が上がる）が、悪くなろう（物価が下がる）が、家賃収入はほぼ横ばいか若干の引き上げができる程度のはずです。

そもそも、家賃を大幅に、あるいは小刻みでも何度も引き上げてしまうと、賃貸人は出ていってしまうでしょう。なぜなら日本は家が余っている状況だから、**よほど魅力的な物件でない限り、家賃が高くなればさっさと別の物件に引っ越してしまいます。**

たしかにその通りですね……。

もちろん、そんな状況でも不動産投資がうまくいる人はいるでしょう。かつて「サラリーマン大家」がはやりましたが、私に言わせれば「大家サラリーマン」のような状態の人ですね。ほぼ不動産業者と同じように不動産管理や物件の取捨選択などに励み、空き時間でサラリーマンをやっている感じの人は、金利が上昇しても儲けられるかもしれません。

やはり**「借金をするタイプの投資」はやりづらくなる**んですね。

3. 外貨建て資産は「旨み」が少なくなる

よく「外貨預金で年率10％」とか、「FXで資産〇倍」とかって文言を見るとついつい投資したくなっちゃうのですが……。金利がある世界では、外貨資産との向き合

い方はどうしたらいいんでしょうか？

金利のある世界では「**外貨建ての投資**」**もあまりオススメできませんね**。基本的にはリスクが高くなるのでやらないほうが無難です。例えば、仮に外貨預金で年10％の利回りがついたとしても、常に為替リスクが発生します。

為替レートがどうなるのかわからない、ということですよね。

その通りです。2024年の米ドル／円は一時160円台まで円安ドル高が進行しました。一方で日銀の利上げやアメリカ経済の先行き不透明感から利下げが行われ、瞬間的に140円割れまで円高が進んだタイミングもあります。

利回りで得をしても、この為替差で損をするリスクが出てきます。為替はいつどんなかたちで円安／円高に振れるかわかりません。それに、**日本の金利が上がれば、為替リスクのない国内資産に機関投資家の運用資金などお金が集まる**ことになります。

そもそも、日本が金利のある世界になるから、無理をして海外の高い利回りの通貨を買う必要性がなくなってしまうのですね。

その通り。外貨建て資産に目が向いていたのは、日本の金利が低かったからですよね。今後は日本の金利が上がっていくのですから、全般的に外貨建ての商品も旨味が減るでしょう。**外貨建ての保険などは為替リスクもさることながら、そもそも手数料が高いので**「**絶対にやっちゃダメな金融商品**」です。

そもそも日本の金利が上がると、為替市場はどうなっていくと思いますか？

為替は各国の金利差によってレートがある程度決まっていきます。基本的には**金利が低いところから高いところへとお金は流れていきます**。２０２４年後半時点では日本の金利が上がるなかでアメリカやユーロは利下げの状況です。

つまり、円高／米ドル安・ユーロ安になる、というわけですね。

そうです。これから日本の金利が上がっていくなかでは、外貨を持つことは不利になっていきます。簡単にいえば、株式投資と同じようにアクセルをゆるめて、**全力で投資するのはやめたほうがいい**ですね。昨今の為替市場では、金利差を狙った新興国通貨への投資、特にメキシコペソが人気ですよね？

メキシコペソと日本円との金利差が大きいので、メキシコペソで保有すればそのぶんの金利スワップ（2通貨間の金利差の差額を受け取れる取引）で儲かるという投資ですよね。

仮にFX投資でメキシコペソを1万通貨（日本円で約7万3450円／2024年12月2日時点）保有すれば、一日あたり23円のスワップ金利がついてきます。このスワップ金利を求めてメキシコペソを買う人が多いですが、**今後は金利差が縮まるのでリスクが高まる**と思います。

僕の知人もこの投資で「1か月に数万円儲かった」と喜んでいましたが、これから

はリスクが上がるのか……。

そもそも、為替の取引は実需があるから行うものです。米ドルは貿易の決済通貨として活用できますが、メキシコペソは実質的にメキシコでしか使えません。国の信用力を考えれば、メキシコは新興国です。

新興国が怖いのはいつ経済が停滞するかわからないこと。メキシコも大統領選挙で政治が不安定になったり、**そもそも日本で取引する際にはメキシコの情報が入手しづらいことがリスク**です。つまり、新興国には先進国では考えにくいカントリーリスクがあるということを忘れてはならないのです。

たしかに。日本ではメキシコ経済のニュースなんてほぼ流れていませんよね。

仮に**日本の金利が3～4%台**になれば、一気に円高に振れてみんな日本円を買うようになります。そうなればスワップの利益よりも為替差損のほうが大きく上回ります。

日本の金利が上がれば、**これまで海外資産に投資されていたお金は自国に戻ってくる**

と考えられるのです。

これまでは日本が超低金利だったから、収益を上げるためにはリスクを取ってでも海外に投資して儲けたほうがよかったけれど……それが変わるわけですね。

これからは日本に金利がある状況になるので、単純に「日本に投資すればいい」ということになります。**脆弱性があるところの資産からお金は逃げるスピードが速い**もの。新興国のマーケットは小さいから、一方通行になるとあっという間にお金が逃げていくので気をつけたほうがいいですよ。

やはり金利の影響は広いし、大きいですね。

いちばん大切なのは「間違った情報」に惑わされないこと

さて、本書もそろそろ最終盤です。最後に、**いちばん大切な「お金の守り方」**をお伝えしますね。それは、「**情報を正しく見ること**」です。ウエノさんは、普段は何でお金の情報を入手していますか？

ええと、テレビのニュースも見ますが、いちばん多いのはやはりＳＮＳですね。

今はそれが主流ですよね。Ｚ世代や35歳以下の若年層はＸ（旧Ｔｗｉｔｔｅｒ）、インスタグラム、ＴｉｋＴｏｋが中心で、中高年はＹｏｕＴｕｂｅ、フェイスブックを主に使い、ＬＩＮＥはＺ世代と高齢層が多いと聞きます。

いずれのＳＮＳが好みかは人それぞれですが、私は**お金に関する情報は「基本的な知識」を持っているからこそ、その情報の真贋を見抜ける**と思っています。ＳＮＳの情報に優劣をつけたり、あるいは情報を有益に活用するためには、基本的な知識がなければダメなのです。

たしかに、ＳＮＳで「絶対に儲かる！」とかって宣伝文句を見ると、最初は「本当かな？」と思いつつ、それっぽい解説を見るうちに「本当に儲かるかも！」などと気が乗ってきてしまうのはわかります……。

そういった投資詐欺のような案件に引っかからないためにも、基本的な知識が必要なのです。

基本的な知識とは、言い換えれば、金融における「セオリー」です。この本では何度もセオリーという言葉が出てきましたよね？　何度も何度も使ったのは、**セオリーを知らなければ、今起きている状況を正しく判断できない**からです。

何事も基礎がいちばん。金融の世界も一緒なんですね。

例えば、**住宅ローンの情報**です。住宅ローンのメカニズムや過去の日銀の金融政策などをしっかり検証せずに、ＳＮＳでは〝あおり気味〟の投稿をする人が後を絶ちません。

さらに、テレビやニュースなどの既存メディアですら、金利の上昇だけを捉えて報じることが多いのは考えものです。住宅ローンをめぐる報道を見ていると「金利が上がった！　住宅ローンはどうすれば？」というタイトルで引きつけて、「変動では返済額が増えるので家計の負担を改めて確認しましょう」という結論に持っていきがち。しかし、**金利が上がっても「いつかは下がる」という視点が抜け落ちています**。そうしたニュースを見ているとどうしても不安に駆られてしまいます。

まさにそれが僕です。将来的にはマイホームを買いたいですが、「金利が上がったからもうムリなのかな」と思っていました。

でも、ウエノさんはこれまでの話で金利のことを十分に知りましたよね。今はどう思いますか？

そもそも住宅価格が上がっているし、やっぱり買うのは大変だと思うのですが……。それでも「金利はどこまでも上がるわけじゃなく、いずれは下がる。だから変動金利

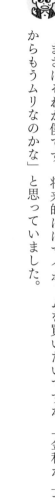

でも大丈夫」と知って、少し気がラクになった感じがします。

そう思えるようになっただけでも十分な進歩ですよ。お金の基礎的な知識を備えていれば、いずれ本当に家を買うタイミングが来たとしても、**偏った情報に惑わされず、その時々の金利情報を見て正しい判断**ができるはずです。

そして、ウエノさんは最初に「金利上昇が怖い」と話していましたが、今もそう思いますか？

いえ、怖さはまったくないです。むしろ、**金利上昇という〝大波〟をどう乗りこなしてやろうかなって、少しワクワクしています**（笑）。

その意気です。自分の味方につければ、「**金利の力**」**はとても大きな恩恵を人生にもたらしてくれます。**それを忘れないでくださいね！

はい！　深野さん、ありがとうございました!!

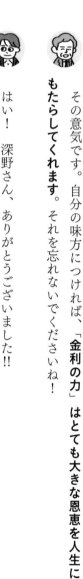

この章で絶対に覚えておくべきこと

- ■優遇金利で借りられるなら、住宅ローンは変動金利でいい
- ■金利が上がっても保険は「貯蓄性」で考えるべきではない
- ■退職金はすぐに運用せず、〝頭を冷やす〟期間をつくる
- ■お金の「基本的な知識」があるからこそ、情報の真贋を見抜ける

おわりに
深野流、金融情報の「正しい読み解き方」

日本の政策金利が引き上げられたのは約14年ぶりのことです。日銀の植田総裁は政策金利を引き上げたとはいえ「依然として実質金利は低い」と述べていますが、私たちの日々の生活は名目値で成り立っています。政策金利の引き上げはゆっくりと私たちのお金まわり全般にジワジワと影響を及ぼすことでしょう。

その日銀ですが、数年前と比較すると金融政策決定会合に出席するメンバーの発言がかつてより注目されているうえ、以前とは考えられないくらい〝踏み込んだ発言〟をしていることを見逃してはなりません。

日銀の使命は「物価の安定」と「資金決済の円滑化を通じた信用秩序維持」の2つ

と言えます。後者は割愛させていただきますが、物価の安定が使命である以上、金融政策を司る審議委員は市場関係者などに言質をとられないように発言をするのが基本です。それが植田体制下では、田村直樹審議委員が「2026年度後半までには少なくとも政策金利は1％程度くらいまで引き上げておくことが必要だ」と述べているのです。

また、審議委員たちは為替が管轄外であることから言及しないのが慣例ですが、植田総裁自らが2024年7月の政策金利引き上げ後の記者会見で「円安が物価を上振れさせるリスクがあるため利上げを行った」と発言しています。踏み込んだ発言をした事情を考慮するのは難しいですが、一つは将来の「○○ショック」が発生したときに迅速、かつ複数回の利下げができるように〝バッファー〟を持っておきたいのだと思われます。

本書の第2章でも触れましたが、2008年9月のリーマン・ショック以降、主要国の中央銀行と平仄《ひょうそく》を合わせた行動（大幅な利下げ）を取ることができなかったトラウマがあるからです。

日銀がバッファーを持つ・待たないはさておき、審議委員の発言からすれば「金利は今後も上がっていく可能性が高い」ことは確かです。約30年も続いた「低金利脳」から脱却して「金利がある世界脳」に思考を転換しなければならないのです。

なので、今まで日銀の審議委員の発言など気にする必要はありませんでしたが、今後は総裁&副総裁を含む審議委員たちの発言に注目して、金融政策の方向感をつかんでおくようにしましょう。つかんだ方向感は資産運用をはじめとするお金まわり全般に生かすことができるはずです。

細かく述べることは控えますが、当然、年8回ある日銀の「金融政策決定会合」および会合終了後に行われる植田日銀総裁の記者会見の内容も、重要度が高いイベントと認識しておくべきです。

□「ガソリン価格」を見るだけでも金利動向はわかる

また、日銀の使命が「物価の安定」であれば、私たちはこれから物価に影響を与える指標などニュースに注目しておく必要があります。影響を与えるものは多々ありますが、その影響の大きさは指標によってマチマチ。特に影響の大きな指標について述べていきましょう。

まず注目しておきたいのが「原油価格」です。ニュースなどを頻繁に見聞きしている人なら原油価格はわけなく触れることができるでしょうが、普段ニュースなどは見聞きしていない人であれば、身の回りの「ガソリン価格」でもいいでしょう。

日本は電力などの元になる資源・エネルギーをほぼ100％海外に依存しています。このため原油価格の上昇＝物価の上昇という構図になるのです。

火力発電という観点では「天然ガス」や「石炭」の価格も影響はありますが、これらは入手するのが原油と比較して一手間、二手間もかかるため、簡単に入手できる原油価格（あるいはガソリン価格）を押さえておくだけで十分と言えます。

原油に注目する理由は、電力などのインフラ料金だけでなく、私たちのさまざまな場面に影響するからです。たとえば野菜や果物、ビニールハウスなどの光熱費は原油価格の影響を受けて価格が上下しますね。魚介類も漁船の燃料費に影響されます。あるいはビニールやプラスチックなどの主原料は原油で、日常的に使用している様々なものに原油価格は影響を及ぼします。

中東情勢なども価格に与える影響は大きいと言わざるを得ません。日本は大量の原油を中東から輸入していることから、中東情勢が緊迫化すれば中東からの原油輸入が滞ります。そうすれば高くても代替地から原油を買い付けないと電力の安定供給に支障をきたす……などと考えられるわけです。

近年は、米国のシェールオイルの輸入も増えつつあることから「シェールオイル」に関するニュースが流れたら、そちらも押さえておくとなおいいでしょう。ただ、やみくもに情報を増やす必要はないので、面倒であれば原油価格&中東情勢だけでも十分だと思われます。

原油の輸入にスポットを当てれば、為替、なかでも「円/米ドル」の為替レートもしっかり注視したい指標です。原油をはじめとしてさまざまな産品を輸入する場合、残念ながら円で決済をすることはほとんどできません。相手国の通貨、または米ドルで決済するのが一般的です。

仮に原油価格、通常は米ドル建ての価格が一定であったとしても、円安になれば国内の原油価格は上昇し、円高になれば原油価格は下落する流れになります。

コロナ禍からの経済正常化以降、日本でも物価が上昇していますが、物価の上昇に拍車をかけたのは円安と言われています。世界各国の景気がほぼ同時に回復して原油などの資源・エネルギーの需要が急増したところに、ロシアのウクライナ侵攻などが重なり原油価格は上昇しましたが、国内ではさらに円安が加速したことが原油をはじめとする輸入産品の価格をより引き上げたのです。

次ページの【図㉑】は、日銀が公表している「輸入物価指数の推移」ですが、同指数は現地通貨ベースの上昇率と円ベースの上昇率が公表されています。それを見ると、ピーク時には約30％近く、現地通貨ベースの価格を円ベースの価格が上回っていたのです。

先に述べた「円安による物価の再上昇が看過できない」という植田日銀総裁の懸念

【図㉑】輸入物価指数の推移

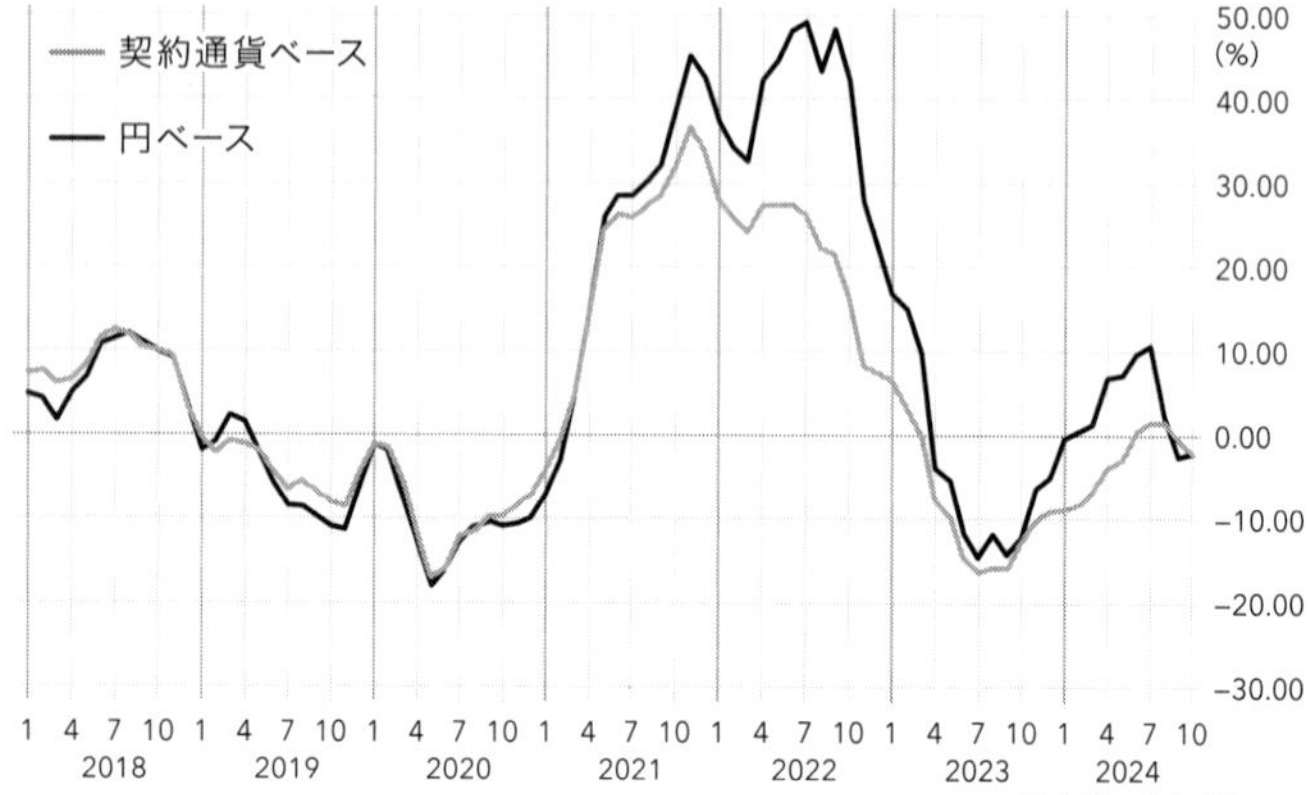

※出所：日本銀行 HP

は、この図を見れば理解できるでしょう。

逆に、現地通貨ベースの価格より円高速度が速ければ、円ベースの価格は現地通貨ベースの価格を下回ることもあるくらい「円／米ドル」のレートは影響度が大きいのです。

言い換えれば、この情報は今後の日銀の追加利上げの回数や頻度にも影響を与えるということです。

円／米ドルの為替レートに関係するといえば、米国の長期金利の動きにも注視する必要があります。為替レートが変動する要因はさまざまですが、近年では2国間の金利差の拡大・縮小に応じて為替が動くことが多いからです。

よって、日米の金利差が拡大すれば「円安／米ドル高」、逆に金利差が縮小すれば「円高／ドル安」に動く傾向があります。

ただし、日本の長期金利よりも米国の長期金利のほうが為替に影響を与える影響が大きいです。このため、より注視するのは米国の長期金利になります。長期金利は将来の景気、物価、金融政策などを俯瞰して中央銀行の政策よりも先に動く性質があるものの、やはり中央銀行の動向は影響が非常に大きいといえます。

□ FOMCでは「議長の発言だけ」をチェック

米国の長期金利を注視するのですから、米国のFRB（連邦準備制度理事会）の金融政策会合（FOMC）も、同様にウォッチする必要があります。米国のFRBは日銀と比較して理事（日銀における審議委員）の人数が多く、また頻繁に理事の発言がニュースなどで報じられます。

ただ、理事の発言は、緩和傾向にある「ハト派」と引き締め傾向にある「タカ派」

に分かれる傾向にあり、ＦＲＢの政策の方向感が日銀ほど出ないように感じられます。このため理事の発言に関してはさほど注目しなくてもよく、唯一注目しておきたいのはＦＲＢ議長の発言、現在であればパウエル議長になります。

ＦＯＭＣに関しては、四半期ごと（おおむね3月、6月、9月、12月）に行われる際にドットチャートが公表されます。ドットチャートはＦＲＢの理事が「この先どのような政策金利の水準を目指しているのか」を示したものです。その中央値が先行きの政策金利の目安になりますから、ＦＲＢの金融政策の方向感をつかむのに適しています。その際の押さえるべきポイントは、前回のドットチャートとどのように変化したのかを認識することです。

長期金利はＦＲＢの金融政策からの影響を受けやすいのですが、米国はガソリンを含め大量の原油を使用しています。このため原油価格の動向は米国の物価に多大なる影響を与えています。

原油価格を注視することが重要と述べたのは、日本だけでなく米国の物価動向を注視していることにもなるからです。原油価格が大きく動くと米国の長期金利にも影響があると、頭の片隅に入れておいてください。

□ 金融の知識は「タイパ」で考えてはいけない

さて、ここまでは金利に関する「重要情報の見方」を解説してきましたが、最後に少し説教くさいことを述べさせてください。それは、金融領域に関しては「タイパ思考を持ってはいけない」ということです。お金の基本は、タイパ（タイムパフォーマンス＝時間対効果）を求める行動では知識の習得がままならないと、私は考えています。

だからこそ、まずはお金まわり全般の「基本的な知識」を習得してほしいのです。お金に関する基本知識を身につけておけば、ＳＮＳ上に流布される偽情報をスルーしたり、あなたのスマホに届く投資詐欺に巻き込まれることだって防ぐことにつながるでしょう。

幸いにして、パソコンやスマホからでもお金の「基本的な知識」を習得することは可能です。ちょっと時間がかかる点が今風ではありませんが……少しガマンして勉強してください。あるいはお金まわり全般、あるいは投資や資産運用に関する本を一冊ガマンして読んでみてもいいはずです。

陳腐化した言い方かもしれませんが、あなたが選択するお金まわり全般の行動は、成功しようが失敗しようが「すべて自己責任」で済まされてしまいます。あなたの大切なお金を、ＳＮＳで推奨される銘柄に投じるだけで簡単に（ラクして）増やせるとは思わないでください！

ビギナーズラックはあり得るでしょうが、それがずっと続くことはないのです。一発逆転も残念ながらありません。そのことを知るだけでも投資初心者には進歩と言えるでしょう。

ＳＮＳが大衆化していることを考えれば、その利用を否定するものではありません。しかし、ＳＮＳは一次情報を得るには適していますが、深掘りしたり、一次情報を取り巻く環境などを知ることには、あまり適していないと思います。深掘りするなり、取り巻く環境を広く知る場合には、新聞やＴＶのニュース、専門誌紙などのオールドメディアの活用も考えるべきでしょう。

そうして得られた知識はお金まわり全般だけでなく、あなたの仕事を含めた生活全般のどこかで役立つはずです。数年前から「格差」が折に触れて叫ばれますが、私は今の格差は「知っているか、知らないか」の情報格差だと思います。

そしてもう一つ、最後のアドバイスは、お金周り全般は「習うより慣れろ」です。ある程度の知識を得たら実践あるのみ！　実践に勝るものはないのですから、この本で手に入れた知識を早速、あなたの行動に生かしてください。

２０２４年12月　深野康彦

金利で損しない方法、教えてください！
人気FPが教える金利上昇時代の「お金の新ルール」

発行日　2025年1月1日　初版第1刷発行

著者　深野康彦
発行者　秋尾弘史
発行所　株式会社 扶桑社
〒105-8070
東京都港区海岸1-2-20　汐留ビルディング
電話　03-5843-8194（編集）
03-5843-8143（メールセンター）
www.fusosha.co.jp
印刷・製本　タイヘイ株式会社　印刷事業部

ブックデザイン：山之口正和＋永井里実＋高橋さくら（OKIKATA）
イラスト：ヤギワタル
ＤＴＰ：松崎芳則（ミューズグラフィック）
構成：上野智（まてい社）
編集：秋山純一郎（扶桑社）

ISBN978-4-594-09917-6